孙权

一个能度的牛人

信自力◎著

图书在版编目（CIP）数据

孙权：一个能度的牛人 / 信自力著 . -- 北京：现代出版社，2019.3（2023.7重印）

ISBN 978-7-5143-7690-6

Ⅰ . ①孙… Ⅱ . ①信… Ⅲ . ①孙权（182–252）–生平事迹–通俗读物 Ⅳ . ① K827=363

中国版本图书馆 CIP 数据核字（2019）第 044157 号

作　　者　信自力
责任编辑　袁　涛
出版发行　现代出版社
地　　址　北京市安定门外安华里 504 号
邮政编码　100011
电　　话　010–64267325　64245264（传真）
网　　址　www.1980xd.com
印　　刷　天宇万达印刷有限公司
开　　本　710mm × 1000mm　1/16
印　　张　16
版次印次　2019 年 4 月第 1 版　2023 年 7 月第 2 次印刷
标准书号　ISBN 978-7-5143-7690-6
定　　价　48.00 元

引言

三国。

这是一个最坏的时代，军阀混战，人民流离失所，生命如草芥；这是一个最好的时代，只要你有才华，就有施展的机会，哪怕你隐居在像卧龙冈那样的深山里。

这是一个令人缅怀的时代，谋士如云，猛将如雨，英雄辈出，群星璀璨；这是一个令人无奈的时代，饶是你才华横溢，却又是山外有山，人外有人，让你永远活在别人的阴影里。

孙权就生活在这个时代，就面临了这个无奈。凭孙权之才，换个时代，他可以毫无争议地成为那个时代的“男一号”，然而在三国里，他显然要生活在曹操、刘备的“光环”之下，算是个“男三号”，是个配角。而从民间的知名度来说，他甚至连诸葛亮、周瑜、关羽都不如。

当然，孙权也很无奈。

从“工作经历”来说，曹操、刘备算是白手起家，含辛茹苦，一手缔造了自己的霸业；而孙权算是个“官二代”，从父亲、哥哥那里继承了江东。

从辈分上来说，曹操与孙权的父亲孙坚曾经是共同讨伐董卓的战友，整整比孙权年长了二十七岁，而刘备也比孙权年长二十一岁，所以在曹操、刘备面前，孙权只能算是个后辈晚生。

最关键的是，从性格上来说，孙权和刘备同盟，并且是郎舅之亲，忽然夺取荆州，把关羽杀了，心之黑，仿佛曹操，无奈黑不到底，跟着向蜀请和，其黑的程度，比曹操稍逊一点；他与曹操比肩称雄，却忽然在曹丞相驾下称臣，脸皮之厚，仿佛刘备，无奈厚不到底，跟着与魏绝交，其厚的程度也比刘备稍逊一点（李宗吾语）。正是因为他黑，但黑得不如曹操；他厚，厚得又不如刘备。从传播学的角度来说，这种性格不够极端、略显中庸的人，是不太容易被人记住的。

但是不要因为他的知名度略低，就以为他不够厉害。

同时代的对手，诸葛亮形容他“贤能为之用”，曹操感叹“生子当如孙仲谋”。史学家陈寿赞他“有勾践之奇，英人之杰”，大词人辛弃疾对他表现了崇敬：“千古江山，英雄无觅，孙仲谋处。”……

孙权的一生可谓传奇。作为一名“官二代”，他十八岁仓促接管东吴，以弱冠之年重整父兄旧部，果断平定内乱，在最短的时间内稳住了江东局势。在群雄割据中，他不畏强敌，英明果决，重用能臣，赤壁一战终于奠定了三国鼎立局势。

在三国的所有执政时间最长的“主公”中，他以五十二年遥遥领先。在这漫长的五十二年执政生涯中，他凭借杰出的领导才能，不断创造历史，创造神话：

在三国中，关羽是一个神一样的存在，他温酒斩华雄，过五关斩六将，斩颜良诛文丑，于百万之众取上将首级，曹操对他又爱又敬，然而就是这样一个人物，却败给了孙权领导的东吴，最后败走麦城，大意失荆州。

在三国中，刘备也是一个神一样的存在，从起兵那一刻起，他屡战屡败，又屡败屡战，辗转多地，像一只打不死的小强一样，终于一手缔造了自己的政权。就连曹操也说："天下英雄，唯使君与操耳。"就是这样一个顽强的英雄，最后还是败给了孙权领导的东吴，客死白帝城。

当然，作为一位生猛的皇帝，孙权也有一些污点。在外交上，他时而联蜀抗曹，时而通曹弱蜀，虽然很有时效，但也被人指责善变；在处理辽东问题上，他被公开开涮，成为历史笑话；在晚年，他疏远忠臣，废长立幼，终于为东吴埋下了一颗覆亡的种子。

纵观其一生，正如孙策对其评价："举贤任能，各尽其心，以保江东，我不如卿。"孙权受命于危难，在晚年之前选贤任能，善于观察形势，采用灵活的外交手段，使东吴稳居江东，其权谋的一生值得后人学习。

目录

第一章

十八岁，天降大任

第一节　小时代，大机遇

东汉光和五年，即182年，孙权在下邳出生。

这一年，曹操还只是个小小议郎，相当于皇家顾问，并没有太多实权。

而刘备则更加可怜，他虽自称是中山靖王之后，却因父亲早亡，只能与母亲生活在乡下，以织席贩鞋为业，生活非常艰苦。

在国家层面上，造成无数权贵死亡的第一次“党锢之祸”已经结束，第二次“党锢之祸”虽已开始，但势头已过。

所以，孙权出生的这一年，国家基本还算太平。

但这只是暴风雨到来前的暂时平静，因为两年以后，声势浩大的黄巾军起义爆发，整个东汉王朝瞬间崩塌，中国进入了一个波澜壮阔的大时代——三国。

大时代，有大机遇，而孙权一家，正是这个大时代的受益者。

实际上，早在大时代到来之前的“小时代”，孙家就开始提前享受到了时代的利好。

孙权祖籍富春（浙江富阳），自称“兵圣”孙武之后，但孙武已经死去五六百年了，这实在无法考证真假。

退一步来说，即使孙家真是孙武之后，但经过了秦汉两个朝代的风雨洗礼，孙家也早已失去了昔日的荣光。到了孙权爷爷孙钟时，孙家已沦落为瓜农。

瓜农的后代是没有什么前途的，不过这时东汉已经进入后期，进入了三国大时代来临前的小时代。

小时代的特征是中央政府的控制力减弱，社会秩序混乱，盗匪猖獗。而正是盗匪猖獗，让孙家实现了从瓜农到仕宦的转变。

172 年的某一天，只有十七岁的孙权的父亲——小瓜农孙坚，和老瓜农孙钟乘船外出。船开到半路上，遇到一批抢劫了商船的海盗，正在岸上分赃。

过往船只看到这一幕，不仅不敢伸张正义，反而都停下船来，不敢再向前行驶。

而孙坚则不同！虽是瓜农出身，家境贫寒，但孙坚自幼志向远大，平日里没少练习武艺，研究军事，为自己将来走向战场做好了充分的准备。

看到岸上的海盗如此肆无忌惮，孙坚感到机会来了。他认真观察了一番之后，对孙钟说："这些海盗不过是一些乌合之众，看我去教训他们一下。"

老瓜农孙钟哪有这个胆量，他担忧地说："别去做，这种事不是咱们能干得了的。"

孙坚哪里听得进父亲的劝告，他提着刀，一边向岸边奔去，还一边指东指西，口中发布命令，仿佛在指挥一支军队对海盗进行包抄。

海盗以为真有官军到来，赶紧抛下财物逃跑。

本来就是虚张声势，吓走海盗已属侥幸，如果是普通人可能会就此罢手。但孙坚不是，他继续一个人提刀追赶海盗，硬是把跑在最后的一名海盗砍翻在地。

很快，孙坚的勇敢与机智像长了翅膀一样，在江东一带传播开来。

当时，富春县经常闹盗匪，把富春县令折腾得焦头烂额，一听说富春境内竟有如此一位有勇有谋的年轻人，他立即发布命令，任命十七岁的孙坚为代理县尉。

就这样，孙坚实现了从瓜农到仕宦的转变。

按照古代官制，县尉与县丞同为县令佐官，掌治安捕盗之事，相当于一个县的公安局局长。这个职位自然难以支撑起孙坚胸怀天下的理想。不过幸好，小时代再次给他提供了机遇。

当时，会稽有个叫许昌的农民，也想过一把皇帝瘾，就发动起义，自称“阳明皇帝”。当时政局不稳，民不聊生，吃不上饭的老百姓琢磨着饿死也是死，不如跟着许生造反，或许还能吃上几顿饱饭，于是许昌很快有了几万弟兄。

汉灵帝虽然昏聩，但也不允许别人抢他的皇帝宝座，于是他发动国家武装部门，镇压许昌。

当时，孙坚所在的吴郡也在征召范围。兵力不够怎么办？可以自行招募。于是，孙坚凭借丰厚的人脉，自行招募了一千多人走上了战场。

战斗进行得很顺利，许昌被镇压了，孙坚表现勇敢，被任命为县丞。虽然同是县令佐官，但县丞比县尉大多了，类似于副县长。

就是在孙坚任副县长期间，孙权降生了。

就这样，在三国大时代到来前的小时代，孙坚实现了从小瓜农到副县长的转变，而孙权也成了一个货真价实的“官二代”。

第二节　大时代，大风险

公元 184 年，也就是孙权降生两年后，黄巾军起义爆发，一个轰轰烈烈的三国大时代终于拉开了序幕。

一个月内，全国七州二十八郡都发生了战事，黄巾军势如破竹，多个州郡失守、吏士逃亡，震动京都。

汉王朝启用了两员大将——皇甫嵩、朱儁——镇压黄巾军。这个朱儁非常值得一提，他不仅是汉末名将，而且还是会稽上虞人，与孙坚算是同乡。

朱儁知道要镇压黄巾军，必须启用一批干将，他就想到了有勇有谋的孙坚，任命其为佐军司马。

孙坚把孙权及家中老小安置在九江郡寿春县，带着自己招募的一千多精兵投入战场。战争中，孙坚不负众望，攻克宛城，被提拔为别部司马。

更重要的是，通过这一战，东汉朝廷开始注意这位能征善战的年轻将领了。

几年之后，长沙发生叛乱，当地官员束手无策，东汉朝廷任命孙坚为长沙太守，负责平定叛乱。

在长沙，孙坚再一次展现了杰出的军事才能，仅用一个月就平定了叛乱。东汉政府为嘉奖孙坚，封其为乌程侯。

作为一名凭军功崛起的新贵，孙坚的政治资源是非常有限的，为了在政治上走得更远，他选择了一条将来为孙策创业埋下很大隐患的路——投靠袁术。双方的交换条件是，袁术奏请汉朝中央加封孙坚为破虏将军、豫州刺史，而孙坚的军队则要听袁术的调遣和指挥。

公元 191 年春，一天，孙坚奉袁术之命进攻刘表手下守将黄祖。黄祖战败逃走，孙坚紧追不舍，不料一支利箭飞来，射中了孙坚的太阳穴。孙坚落马而亡，一代将星就此陨落。

孙坚死时，他最大的儿子孙策只有十七岁，而次子孙权只有九岁。

更要命的是，之前孙坚的旧部还大都在袁术的控制之下，孙坚所开创的那一点基业眼看就要付诸东流了。

幸运的是，十七岁的孙策也像孙坚那样属于少年英杰。

从父亲死亡的悲痛走出来之后，他意识到无论是替父报仇，还是建功立业，他都需要一支属于自己的军队。但父亲的军队都在袁术手里，他只好去见袁术，希望要回父亲的旧部。

袁术虽然志大才疏，但也是个一心想称帝的人，岂能轻易交出军队。但他发现孙策像孙坚一样是一员猛将，就给了孙策一千多人，任命他为九江太守。

此时的九江尚是别人的地盘，所以孙策这个太守是空的，要想成为真正的太守，就要靠自己去争取。

于是，年轻的孙策带着一千多人对九江发起了进攻，并顺利攻克。

眼看太守一职终于到手，袁术又有了新的人事变动。他让自己的亲信出任九江太守，又任孙策为庐江太守。

就这样，孙策胜利的果实被袁术窃取了。

孙策带着不满，挥师庐江，并顺利攻克。没想到，袁术故伎重演，又任命自己的亲信出任庐江太守。

这也太不靠谱了吧！

孙策意识到，袁术是不值得依靠的，而且一千多人也难成大事，必须摆脱袁术的控制，才能大有作为。

不久，机会来了，当时被袁术任命的吴景、孙贲，遭遇了另一个军阀刘繇的进攻，作为主公，袁术并没有派出援兵支援。

吴景是孙策的舅舅，孙贲是孙策的堂弟，于是孙策以救援亲戚为名，希望袁术允许自己带兵去江东。

对于孙策想借此自立的意图，袁术不是没有察觉，但他认为孙策只有千把人，不可能成大事。而且让孙策与刘繇互相消耗，对自己十分有利，于是他同意了。

孙策带领父亲的旧部南下，沿途不断有父亲的旧部加入，很快由一千多人扩大至六千多人。接着，周瑜、张纮等一大批文臣武将聚集到孙策身边，军队数量也扩张到了几万人。

凭借着这支军队，孙策用了两三年的时间，不仅取得了江东的丹阳、吴郡、会稽三郡，还攻占了豫章、庐陵、庐江，孙家在江东的地盘逐渐形成，而孙策还赢得了“江东小霸王”的称号。

虽然生逢乱世，但在孙坚、孙策创业的时候，孙权的日子却是稳定的。因为他年龄尚小，被留在了后方，在母亲的抚养下读书学习，完全是一副乖孩子的模样。

孙策杀回江东以后，还是中学生年龄的孙权，开始和哥哥孙策一起在战场上历练。孙策占据江东后，孙权开始担任县长，并被举为孝廉、茂才。

孝廉、茂才都是东汉时期普通民众走向仕途的必经之路，孙权有了这个身份，就可以按照当时大部分官员的轨迹在仕途上一步步前进了。

然而，家庭的突然变故，打破了这个固定轨迹。

我们知道，在性格上，孙策和父亲孙坚一样非常勇敢，喜欢身先士卒，于是他和父亲一样也遭遇到了遇刺的命运。

公元 200 年的春天，江东春光明媚，草长莺飞，大业粗具规模的孙策心情很好，他带着卫队到江边狩猎。为追野兽，他骑马冲在了最前面，并逐渐脱离了卫队，最后被埋伏在沙丘后的三名射手射中，而且箭上有毒，医士束手无策。

就这样，在三国刚刚开启的这个大时代里，仅仅间隔九年，孙家最英勇的父子二人均被无情的利箭夺取了生命，而这无形中却把一个巨大的历史机遇与考验，抛在了年轻的孙权面前。

第三节　守业，你比哥强

望着昨日还生龙活虎，今日竟被毒箭射中、躺在床榻上的大哥孙策，十八岁的孙权心中除了无法抑制的悲痛与震惊，还有一些焦虑与不安。

自九年前父亲孙坚突然中箭身亡后，几乎是大哥孙策一个人撑起了整个孙家，也几乎是大哥孙策一个人南征北讨夺回了江东。现在江东刚刚夺回，局势尚未稳定，作为政治核心和精神支柱的孙策突然遭遇行刺，怎能不令孙权忧心忡忡。

其实，比孙权更忧心的是躺在病榻上的孙策，自父亲孙坚死后，孙策所吃的苦是别人无法体会的，历经磨难眼看大业初成，却还来不及巩固，竟要撒手人寰，孙策是多么不甘，多么无奈啊！

然而，箭伤和箭毒正一步步侵蚀着他的意志，死神转瞬即至，必须在自己尚且清醒的最后这段宝贵时间里，尽可能地安排好后事，才能避免自己辛苦开创的江东政权不会付诸东流。

在所有的后事中，最关键的是继承人问题。

按照父死子继的传统，自己死后，由儿子孙绍继位似乎是天经地义的事。如果在和平年代，每一个自私的父亲也许都会这样做。

但如今天下大乱，群雄并起，如果让尚在襁褓之中的儿子孙绍继位，不仅可能会毁掉自己辛苦开创的东吴大业，还可能令儿子遭遇灭顶之灾。

这个选择不可行！

如果按照兄终弟及的传统，比较合适的候选人有两个：二弟孙权、三弟孙翊。其实，早在自己刚刚受伤时，最受自己信赖的重臣张昭就曾提议由孙翊执掌江东，因为从性格上来说孙翊最像孙策，他年轻气盛，勇猛果敢，在枪杆子里出政权的三国乱世，江东最需要这样的军事强人。

然而，孙策更看好二弟孙权，因为江东的地盘自己基本已经打下来了，接下来更多的是如何守好江山的问题。二弟孙权看似温和，实则恢宏大度，坚强开朗，由这样的人来执掌江东，江东这艘巨舰才能走得更稳、更久。

既然主意已定，所剩时间不多，孙策开始尽自己最大的努力，给孙权的掌权铺路。

他召来张昭等文武重臣及二弟孙权来到卧榻前，以微弱而又坚定的语气嘱咐大家："现在天下大乱，群雄并起，但我江东凭借土地肥沃、人口众多和长江险要的地形，是大有可为的。"

接着，孙策目视张昭，带着期望与嘱托的语气说："张昭和诸位大臣，请善待我二弟孙权，和他一起开创我江东盛世。"

说完，孙策令人取来印信当众授予孙权，完成了权力的正式交接。

当然，仅仅做到这些还不够，孙策还要以最后一点微弱的精力，继续给二弟孙权掌权背书。

孙策当着众人面，对孙权说："若举江东之众，决机于两阵之间，与天下争衡，卿不如我；举贤任能，各尽其心，以保江东，我不如卿。"

孙策这段掷地有声的临终遗言，不仅准确地评断了自己与孙权的性格特点，更是向那些忠于自己的文武大臣们传递这样一个信息：虽然新主孙权不像我那么英勇善战，但他是另一种执掌风格，是守成之主，所以你们要尽快适应这种变化，继续像信赖我一样地信赖新主孙权。

同样地，孙策也告诉孙权，打仗方面你虽没有我英勇，但你有你的长处，你能举贤任能，保住江东，所以你要对自己有信心！

但不管怎样，对只有十八岁的弟弟，孙策还是有些许担心，他不忘提醒孙权："你不要忘记父亲和我创业的艰难，要奋发图强，好好替父兄守住江东！"

嘱托完群臣和弟弟之后，孙策不得不万分心痛地面对母亲吴氏。

母亲吴氏遭遇了太多的不幸，她幼年丧父、中年丧夫，现在孙策的不幸遇难又要让她遭遇晚年丧子。

对于母亲，孙策万分惭愧，万分心痛，但此时他已经顾不上太多的母子之情了，他要尽可能地争取让母亲多支持孙权。他说："儿子寿命即将结束，无法在母亲面前尽孝了。现在我将江东大权交给二弟，希望母亲早晚训教，助他完成大业。"

吴氏满含眼泪，说："我一定会支持你弟弟权儿，但就怕他年龄太小，难以成就大事，那该怎么办呢？"

"二弟的才能胜过我十倍，足当大任。以后如果遇到事情无法决断，若是内部事务，可以请教张昭；若是外部事务，可以请教周瑜。"

孙策遗憾地说，“可惜周瑜不在这里，令我无法当面嘱托他”。

想起历史上那些老皇帝死后，皇子宗亲之间的血腥而又残酷的权力斗争，孙策还是有些不放心，他又召来自己其他的弟弟及孙氏宗亲，说：“我死之后，你们要全心全意地辅佐孙权。我们孙姓家族中，胆敢有二心者，人人得而诛之，死后尸骨不得入祖坟安葬。”诸人含泪答应。

最后，孙策才叫来妻子大乔，和向母亲的临终嘱托一样，孙策也是不顾私情，尽力为孙权铺路。他对大乔说：“我与你没有能够共度一生，就要中途诀别了。以后无论早晚，见到你妹妹小乔，要嘱咐她多提醒周瑜，尽心辅助孙权，让周瑜不要辜负我对他的知遇之恩。”

所有能嘱托的都嘱托了，孙策的精力已近耗尽，他心中默念：权弟，所有能做的大哥都做了，接下来就要靠你自己了。

第四节　现实不相信孙权的眼泪

十八岁，是个多么美好的年龄，生命充满活力，人生充满梦想，充满憧憬，充满无限的可能与希冀！

然而，对于一个政治统帅来说，这却不是一个好的年龄。十八岁的人对自己的人生尚且懵懵懂懂，如何能够甄别、识破并成功驾驭那些狡猾的官场政客和那些桀骜不驯的前线将领？

所以，大哥突然死去，孙权既万分痛苦，又有些茫然无措，整日无心处理政事。

这可急坏了一个人——张昭。

在群星璀璨的三国大时代里，有诸葛亮、司马懿、荀彧、郭嘉这些牛人在，张昭显得要暗淡一些。不过，在东吴，张昭的地位非常高，能力也非常强。大文豪苏轼曾经评价说："孙权之有张昭，正如备之孔明，左提右挈，以就大事，国中文武之事，尽以委之。"大史学家司马光形容张昭："容貌矜严，有威风，吴主以下，举邦惮之。"

这样一位"举邦惮之"的人，自然要有"举邦惮之"的责任感，而且对他有知遇之恩的上一任主公孙策临死前，曾经嘱咐他要好好辅助孙权，并且还当着众人的面说："内事不决问张昭。"

对于一个文臣来说，孙策的这个评价确实够高了，为了这一句评价，张昭就是拼上老命，也要完成孙策的临终嘱托——辅佐孙权。

对于孙权，张昭并不陌生，他刚加盟东吴孙氏政权时，就曾听人说，孙权出生时方颐大口，目有精光，老爹孙坚感到惊异，认为此子有贵人之相。

孙策占据江东后，曾向东汉朝廷进献贡品，这令被冷落很久的东汉朝廷大为感动，并派出使者刘琬前来东吴答礼。

看到朝廷使者来了，孙策非常高兴，他引荐 4 个弟弟挨个拜见刘琬。刘琬本来只想礼节性地点点头就算过去了，可当他看到十五岁的孙权后，感慨自己真的没白来，他回京师后跟同僚说："孙家的几个兄弟，看起来好像都不错，可是真正有福相的还得说是孙权，这孩子将来必定会大福大贵，而且还是个长寿的主儿，不信走着瞧。"

果然，后来孙权不但当了皇帝，还活了七十一岁，熬死了4个丞相，他那俩儿子孙和与孙霸怎么等他都不死，最后还被他给废了。

此时的张昭，并不知道孙权能否长寿，但刘琬对孙权“大贵之表”的评语，却影响了他。他暗下决心，要极力辅佐好这位有“大贵之表”的新主孙权，既成就孙权一番帝业，也完成自己建功立业、封妻荫子的人生小理想。

孙策死后，群臣人心惶惶，在这个非常关键的时候，只有十八岁的新主孙权竟然整日只知道哭泣，张昭看不下去了，他提醒孙权：“主公，现在哪是痛哭的时候啊！”

其实，对于东吴严峻的形势，孙权也不是不知道，但按照当时礼法，亲人去世，守丧哀痛三年是个惯例，即使不守丧三年，也要正儿八经的守丧几天，才不会被天下人说三道四啊！

对于孙权的这个顾虑，张昭也早想好了，他说：“当初周公制定礼法，是明确要求子女要为死去的父母守丧哀痛三年。但周公的儿子——鲁国国君伯禽在守丧期间，京城突然发生了叛乱，伯禽立即停止守丧，带兵勤王。这难道说是伯禽故意违背父亲立下的规矩吗？当然不是，实在是因为形势所迫，不得不违背礼制啊。

“现在我们江东局势动荡，人心不安，外面又有强大敌人虎视眈眈，主公你却在这里痛哭不止，只知道哀痛亲戚，遵守礼制，这简直就是开门揖盗，绝不能算是仁义。”

听了张昭的话，孙权幡然醒悟，是啊，现在的局势哪能容许自己在这里哭泣啊，现实不会相信我孙权的眼泪，而是相信实力！

但一身丧服，突然脱掉而去，似乎转折得又有点太快了，孙权有些犹豫。

张昭看出了主公的犹豫，他凭借托孤大臣的身份，在没有得到孙权许可的情况下，就指挥众人将孙权的丧服脱去，扶着孙权走了出去。

出去之后先去干什么？

张昭说，目前最需要做的是安抚军队。

于是，张昭扶起眼中还挂着泪水的孙权，跨上了矫健的战马，开始去检阅军队。

此时的孙权，既有失去大哥的哀痛，也有突然掌权后的兴奋与担忧，但现实已不容他多想，在跨上战马的那一刻，十八岁的孙权就意识到，一艘巨舰掌握在了自己手上，不管前面有多少艰难险阻，多少崎岖坎坷，自己都必须驾驶好这艘巨舰，勇敢地向前驶去！

第五节　来自北方的可怕敌人

当家方知柴米贵。

之前孙权只是跟着哥哥到处厮杀，从没有从一个一把手的视角去观察、考虑过问题，现在江东军事的、政治的、经济的、社会的……方方面面的问题开始汇总到孙权这里，他才开始意识到一把手真不是那么好做的。

从外部来看，北面的曹操日益壮大，对东吴虎视眈眈，有吞并之

▲ 曹操兵败濮阳

心；从内部来看，东吴集团内有人兴风作浪，试图趁机造反。

甚至在孙氏家族内，也有对孙权心怀觊觎者。毕竟，孙权只有十八岁。

在以上几个敌人中，最可能给孙权带来致命打击的，当数曹操。

比孙权年长十七岁的曹操，一直是孙权最可怕的敌人。其实曹操发迹的时间并不长，在孙权继位的10年前，曹操才在陈留起兵，拥有了一支属于自己的武装。

但曹操崛起的速度很快，尤其是公元196年，他控制了汉献帝，实现了“挟天子以令诸侯”之后，他的实力和影响力都获得了一次突飞猛进的提高。

曹操的崛起，引起了另一个实力派——袁绍的不满。这位来自四世三公家族的袁绍，单就实力来看，优势十分明显，他出身于名门豪族，手下地盘比曹操大，人马比曹操多。看着曹操敢“挟天子”，他主动率领精兵十万前来挑战，不料却在官渡一带和曹操进入僵持状态。

就在曹操、袁绍这两大巨头在北方火拼时，孙策抓住机会，在南方纵横驰骋，得以奠定了自己的江东基业。

看到孙策在富裕的江东一路攻城。略地，野心勃勃的曹操自然是十分眼红，但碍于眼前更加强大的袁绍，他只好暂时忍着。

现在孙策死了，孙权刚刚接位不久，曹操终于击败了比自己强大的袁绍，取得了官渡之战的胜利。

这时，他开始把目光转向富饶的江东，并欣喜地发现，那个像孙坚一样勇猛的孙策突然死了，新主孙权的地位并不稳固，自己正好可以取孙权而代之。

从当时双方的实力来看，一旦曹操真的发动战争，孙权的日子就不好过了。

就在这个时候，和张昭并称为江东“二张”的张纮，他的一席话改变了东吴的命运。

这个张纮本来也在东吴做官。就在一年前，孙策在寿春时，被中原士大夫嘲笑东吴没有博学之士。孙策哪里能忍受这种轻视，他立即派张纮献奏章到许昌。曹操一看张纮确实有才华，就留下了张纮，让其担任侍御史。

听说曹操打算趁孙策刚死进攻江东，张纮就对曹操说：“利用别人的丧事，这不是古代的道义。如果不能攻克，反而成为仇家，不如化敌为友，厚待孙权。”

对于一代枭雄曹操来说，道义云云，他自然不会放在心上。但他也有自己的顾虑，当时他虽然刚刚在官渡之战中击败了袁绍，但袁绍依然还有一定的实力，必须尽快一鼓作气地将其铲除，方能绝了后患。这样一来，他就无暇进攻东吴了。

既然不能进攻，按照张纮所说的化敌为友，就成了一个不错的选择。

于是，曹操利用自己“挟天子”的优势，奏请汉献帝册封孙权为讨虏将军，兼领会稽太守，驻守吴郡。

从表面上看，曹操此举是对孙权的一次示好，实际上，背后另有深意：

一方面，在那个天下大乱、皇权丧失威严的时代，册封孙权，实际上就是提醒孙权，你并不是一个独立的军阀，而是大汉的臣子，你要听汉献帝的，当然，也就是要听我曹操的。

另一方面，曹操只把会稽给了孙权，这也就意味着，孙权占据的除了会稽之外的其他五郡并不合法，曹操随时可以要求孙权交出来。

对于曹操所耍的这些政治伎俩，孙权自然知道，但他无暇顾及，只要这时曹操的铁骑不杀过来，其他的事都好说，因为他还有更重要的事情要去做，那就是巩固江东。

第六节　鲁肃的国家战略

一个篱笆三个桩，一个好汉三个帮。

要想巩固好江东，开创一番大业，首先离不开人才。

江东并不缺人才，孙策临死时把张昭推荐给了孙权，而且张昭也很快适应了这个新主公，成为孙权最为倚重的大臣。

另一个重要人才是周瑜。周瑜是一位军事奇才，他二十一岁时就追随孙策，在军队中是仅次于孙策的二号人物。孙策临死前希望周瑜好好辅佐孙权，但并没有来得及当面嘱托，因为此时的周瑜正领兵在外。

周瑜会像忠于孙策那样地去忠于孙权吗？很多人都心存疑问。

甚至，在很多将领心里，他们更希望让周瑜从前线回来主持军国大计，因为在他们眼里，十八岁的孙权无论是资历还是能力，都难以治理好江东。

当时的周瑜正驻守在巴丘，听说孙策遇刺，他赶紧提兵回吴。一到东吴，就哭倒在孙策的灵前。

等周瑜哭过一阵，在东吴享有巨大威望且令周瑜非常尊敬的吴太夫人走了过来，把孙策的临终嘱托告诉了周瑜。周瑜当即拜服于地，发誓要效犬马之力，辅佐孙权。

周瑜说到做到，孙策丧事结束后，周瑜以中护军的身份，率领孙策旧部，力挺孙权。

令孙权尤为感动的是，当时他还不是一个独立的君主，只算是汉朝的一名将军，所以东吴宾客的礼节非常简单。唯独周瑜——这个在军队中享有巨大威望的人，用大臣的礼节表达对孙权的支持。

有了周瑜的支持，孙权成功地掌控了军队。

孙权得到的第三个重要人才是张纮。我们知道，张纮本来被曹操留在了许昌。为了劝说孙权归附朝廷，曹操再次想到了张纮，他任命张纮为会稽东部都尉，令其返回江东。

张纮回到东吴后，拜见了孙权和吴太夫人。吴太夫人正为孙权年龄太小、外部多难而深感忧虑，她安排张纮与张昭一起共同辅佐孙权。

孙权对张纮礼敬有加。当时孙权称呼其他大臣都是直呼其名，唯独称张昭为张公，称张纮为东部，可见孙权对二人的器重。

以上这三位人才，两文一武，都是东吴孙氏政权的核心人物，可以称作“江东三杰”。但这三人都是孙策时的旧人，接下来的一位新人鲁肃，更令孙权感兴趣，因为他给孙权带来了国家战略。

鲁肃是由周瑜举荐的。

刚刚接管政权时，孙权虚心向周瑜请教：“现在我继承父兄之业，用什么策略才能够守住呢？”

周瑜回答：“自古得人者昌，失人者亡。为今之计，须求高明远见之人辅佐，然后江东可定也。”

孙权说：“大哥孙策临终遗言：内事托张昭，外事全依赖公瑾。”

周瑜说：“张昭大才，足当大任。不过我还是不行，恐怕会辜负你的倚重，我现在推荐一人可以辅佐将军。”

孙权问是何人。

周瑜说：“此人名唤鲁肃，临淮东川人。此人胸怀韬略，腹隐机谋。他早年丧父，侍奉母亲特别孝顺。鲁肃家境富裕，常常拿出家中的钱财资助贫困的人。当年，我率领几百人经过他家附近时，正好缺粮，听说鲁肃家有两谷仓米，就上门求助。鲁肃就慷慨地把其中的一谷仓赠给了我。鲁肃平日里喜欢击剑骑射，寓居曲阿。最近听说他的朋友准备约他去巢湖投郑宝，鲁肃正在犹豫。今主公可速召之。”

孙权赶紧派人请来了鲁肃。一聊之下，孙权大为折服，两个人经常合榻对饮，密议东吴发展大计。

孙权问：“当今汉室倾危，天下大乱，我继承父兄的余业，想建立齐桓公、晋文公那样的伟业，你有什么高见呢？”

看到十八岁的孙权有如此大的志向，鲁肃非常兴奋，他说：“据我所料，汉室不可能复兴，曹操也不可能一下子被除掉。为主公打算，只有先占据江东，以观天下之变。为今之计，应该趁曹操讨伐袁绍之机，进兵攻打黄祖、刘表，将长江一线据为己有。有了这个基础，就可以称帝，图取天下，建立汉高祖那样的伟业。”

后人大都对诸葛亮的“隆中对”非常熟悉，其实鲁肃的这个“吴中对”不比“隆中对”逊色，因为它为孙权指明了东吴的发展方向：

第一步，巩固江东，先有立足之地，依据天下形势顺势而为，进可攻，退可守。

第二步，夺取荆州，占领益州，把富饶的江南半壁江山牢牢地把握在自己的手中，这就具有了建立帝业的资本。

第三步，图取天下，统一全国。

可以看出，鲁肃的这个国家战略，步骤是清晰的，目标是宏大的。如果后来不是跳出了刘备—诸葛亮集团搅局，占据了荆州、益州，鲁肃的这个计划很可能会实现，至少第二步统一江南是有可能实现的。

年轻的孙权听到这个宏大的计划后，异常亢奋。不过，因为涉及汉室问题，他的回答比较谨慎：“现在我尽力经营江东一方之地，只是希望能够辅佐汉室。”

辅佐汉室自然是个幌子，经营江东本来就是鲁肃国家战略的第一步，此刻二人心里都清楚，江东这艘巨舰已经开始按照鲁肃的国家战略一步步前进了。

第二章

江东新主的“实习期”

第一节　政治、外交优于军事

经过了最初掌权的亢奋之后，接二连三的事情让孙权有些忧心，又有些愤慨。

从外部来看，通过外交的虚与委蛇，来自北方的最大敌人曹操的威胁算是暂时过去了，但西边那个与孙权有杀父之仇的黄祖，却在刘表的支持下，誓言要踏平江东。

从内部来看，群居在山区的一直不安分的山越开始蠢蠢欲动；庐江太守李术，意图自立；就连自己的堂兄孙辅，也试图暗中结识曹操。

如果大哥还在世，这些事情就不会发生，显然他们没有把我孙权放在眼里！孙权愤怒了，他要立威，而立威就要选择一个目标，孙权选择的第一个目标是李术。

当年孙策攻克庐江时，任命李术为庐江太守，并交给他 3000 士兵，驻守皖城。孙策死后，李术不仅不肯归附孙权，而且还有更大的野心——做扬州刺史。

在东汉末年的政权结构中，刺史要比太守高多了，扬州刺史本是孙坚、孙策曾倚重的后台袁术担任的。孙权继位的前一年，袁术死了，这个职位由东汉朝廷委派的严象担任。

孙权继位的两个月后，李术杀掉了严象。从名义上来说，庐江郡太守李术和会稽郡太守孙权，都是严象的下属。但因为李术为孙策所任，所以从实际权力结构上来说，李术应该接受孙家领导。

现在李术没有得到孙权许可，私自杀死他们名义上的领导严象，显然是越权了。

不仅如此，孙权刚刚掌权时，内部发生了一些不和谐的事情，导致有些士兵叛逃。其中一部分逃到了李术那里，李术毫不客气地照单全收。

年轻的孙权非常生气，不过他并没有立即采取强硬措施，而是冷静地写信给李术，要求他将叛逃的士兵交还回来。

孙权是冷静的，但李术却不是，他倚仗背后有江东豪族支持，直接给孙权回信："有德见归，无德见叛，不应复还！"

这等于赤裸裸的和新主子叫板！如果不把李术这个出头鸟打下去，孙权的威信就会扫地，他这个新主子就别想干好了！

所以不惜任何代价，都要灭掉李术。

不惜代价，并不是不讲策略。孙权知道，李术所仰仗的有两股力量，一个是江东豪族，一个是曹操。

江东豪族好办，他们是墙头草，当年孙策强大时，这些豪族都拜伏于孙策的强权之下，所以只要通过军事强行除掉李术后，这些豪族还会乖乖听命于自己。

而曹操就不同了，他具有强大的军事实力。如果在进攻李术的过程中曹操出手，结果就大不一样了。所以，在发动军事进攻前，必须解决曹操这个隐患。

怎么解决呢？办法是现成的。被李术杀掉的严象是荀彧推荐的，而荀彧是曹操的重要谋士，所以严象虽然名义上是东汉朝廷任命的，实际上却是曹操任命的。

于是，孙权给曹操写信，大意是说，严刺史是你曹公举荐的，李术竟然敢杀，已经触犯了汉制。而且当年严刺史曾经举荐我为茂才，为了伸张正义，也为了给严刺史报仇，我要讨伐李术。但我估计李术遭到攻击时，必然会以花言巧语请求朝廷支援。曹公高居宰辅，天下敬仰，希望你能告诫部属，不要让他们救援李术。

孙权这封信就是要告诉曹操，我攻打李术是为了你曹操，为了正义，到时李术向你求救，你千万别答应啊。

除了写信向曹操分析清楚利害外，孙权还做了一个决定——割舍人才。

在东汉末年，社会上有“一龙”的传说，“一龙”实际上是指当时的三位名士，即“龙头”华歆，“龙腹”邴原，“龙尾”管宁。

这个“龙头”华歆名气很大，曾担任豫章太守，孙策攻克江东时，华歆知道孙策善于用兵，主动归降，被孙策以上宾对待。孙权掌权后，依然重用华歆。但就在此时，北方的曹操突然下令让华歆回许昌任职。

孙权很犹豫，放华歆回许昌，十分不舍；留下华歆，又怕得罪曹操。

华歆对孙权说：“你能够遵奉皇帝之命，才与曹操结下友谊，但这个友谊显然是不牢固的。如果让我去那边，加深这个友谊，岂不是更好？如果留我在这里，不过是个无用之物，并不是好办法。”

孙权觉得有道理，也为了示好于曹操，就放走了华歆。华歆回到许昌之后，在仕途上步步高升，最后官至相国、太尉，但并没有为孙、曹友谊做出什么贡献。

不过这已经不重要了，重要的是曹操要华歆，孙权就送回了华歆。有这个态度，本身就很有价值了。

在政治上解除了曹操这个隐患之后，孙权以迅雷不及掩耳之势对李术发动了进攻。李术根本无法抵抗，他向曹操求救，曹操不理。

不久，皖城粮食吃尽，以至于到了妇女吞食泥丸的程度。很快皖城被攻克，李术被杀。孙权任命被赐姓孙的孙河为威寇中郎将，领庐江太守，驻守皖城。

就这样，十八岁的孙权凭借皖城一战，在江东建立起了属于自己的威信。

第二节　来自孙氏家族的麻烦

尽管孙策死前曾经叮嘱孙家的人，要好好辅佐二弟孙权，但孙策死后，来自孙氏家族的人依然蠢蠢欲动，第一个动起来的是孙暠。

孙暠是孙权的小叔孙静的长子。当年孙坚创业时，孙静出了不少力。不过孙静不恋权位，孙策执掌江东后，孙静选择了回家养老。

孙静不恋权位，他的长子孙暠却不是。孙策死时，孙暠正担任定武中郎将，驻守乌程。听说孙权继位后，孙暠不服，打算拥兵自立，并已经整顿兵马，下达了进攻会稽的命令。

从孙暠后来的表现可以看出，他并不是一个雄才大略、坚定果决的英雄，所以他的拥兵自立不可能成功。

但孙权刚刚继位，政局不稳，人心尚未归附，如果作为孙权堂哥的孙暠带头造反，可能会引发更多的人效法，这将给刚刚登上主公之位的孙权带来不小的麻烦。

幸好，这个时候一位文武双全的人物——虞翻出现了。

作为文臣，虞翻精通《易》学，见识不凡。当年孙策喜欢外出打猎，虞翻曾经极力劝阻过，认为江东初定，孙策外出打猎如同白龙鱼服，太过危险。孙策不听，以致最后被杀。

作为武将，虞翻不仅作战勇敢，而且善于奔跑。一次，孙策讨伐山越时，手下士兵全部分散，只剩下孙策、虞翻二人和一匹马。孙策让虞翻上马，虞翻不同意，让孙策只管上马，说他可以日行三百跟上孙策。后来孙策骑马到了大路，发现虞翻竟然真的跟了上来。

孙策的死讯传开后，各县官员都打算去奔丧，但时任富春县令的虞翻认为，江东未定，如果官员离开可能会令贼匪和变民有机可乘，侵扰州县，于是他选择留守在富春服丧。

就是这关键时刻的留守，虞翻给孙权解决了一场大麻烦，也给了自己一次留名青史的机会。

当时，留守富春的虞翻听说孙暠图谋不轨，就找到孙暠，对他警告："孙策主公英年早逝，部属应由主公之弟孙权统摄。现在，我已经与同郡吏士准备以命相搏，固守城池，为新主公除害。你自己权衡利害吧。"

虞翻的一席话吓到了孙暠，他反复衡量了一下，发现自己并无太多胜算，就放弃了这次行动。

历史上并没有记载孙暠遭到了什么惩罚，但他的两个儿子孙绰、孙綝后来都成了权臣，由此可以看出孙权对孙暠的处罚并不怎么重。

孙氏家族第二个“动”起来的是孙辅。

孙辅是孙坚的大哥孙羌的次子，年幼时，孙辅就父母双亡，由大哥孙贲一手带大。孙辅是一名不错的将领，早年在孙策发动的皖城、丹阳等数次战役中，他都有非常优秀的表现，最后被任命为庐陵太守，平南将军。

孙策突然死亡，看起来文质彬彬、年龄又小的孙权突然成为江东新主，孙辅和孙暠一样，不愿接受，意图自立。

为了增加自己胜利的砝码，孙辅给曹操写了封投降信。孙辅认为，曹操一定非常希望看到江东孙氏统治集团分裂，所以自己的投降一定会引起曹操的重视。而自己一旦有了曹操的支持，即使在军事上败于孙权，自己也会有一条安全的退路——投降曹操。

孙辅的如意算盘打得不错，但他没有想到自己选出的信使出了问题——他直接把信送给了孙权。

孙权读罢信后非常震惊，也非常愤怒——外姓的李术反了也就算了，为何连自己的堂哥孙辅也不肯归附自己。

孙权召来张昭商议，最后决定装作什么都不知道，召孙辅晋见。见面之后，先从普通的话聊起，正聊得热闹，孙权突然说：“兄弟间闹点不愉快，为何要呼唤外人来呢？”

孙辅否认此事，孙权将书信拿了出来，孙辅惭愧得无言以对。

但孙辅毕竟是孙家的人，孙权并没有处死孙辅，只是把他幽禁了起来。而孙辅的幕僚、近臣就没有那么幸运了——全被处死；孙辅所领的部队，被重新整编，分散到其他部队。

第三节　孙权决定不了，她来拍板

孙权掌管江东之后，江东局势越来越稳，这是曹操不愿意看到的。

但此时的曹操抽不出精力来对付孙权，虽然他已经击败了实力比自己强大的袁绍，但袁绍的三个儿子和一个外甥还盘踞一方。如果不尽快斩草除根，等他们搜罗了袁绍旧部，再次强大起来，又将是曹操的一大心腹之患。所以，曹操当前的核心任务是乘胜追击，彻底肃清袁绍的残余势力。

虽然北方的战局令曹操忙得不可开交，但他也并不甘心让孙权肆意坐大，他想出了一个非常古老又非常有效的手段——送质子。

送质子在古代，尤其是春秋战国时期非常流行，一个诸侯国战败后或者有求于另一个诸侯国，没有什么好的担保手段，只好把王子或者其他重要人物送到对方国家，历史上秦始皇的父亲秦庄襄王、聘请荆轲刺秦的燕国太子丹等人都曾经做过质子。

202 年，曹操通过汉献帝下诏，令孙权送一子入朝随驾。名曰入朝为官，实际上就是做质子。

孙权一下子犹豫起来了。一旦送质子到曹操手里，以后就难免投鼠忌器，在决策时就难免束手束脚，甚至被曹操牵着鼻子走。

但如果不送，就会结怨于曹操。按照鲁肃的国家战略，当前几年最重要的任务是巩固江东，现在江东还没有巩固好，一旦曹操来犯，那么江东就危险了。

年轻的孙权久久无法决断，只好把这个难题交给了母亲吴太夫人。吴太夫人召集周瑜、张昭等人共同商议。

按照当年孙策“内事不决问张昭，外事不决问周瑜”的遗言，在江东做出重大决策时，张昭、周瑜的意见无疑是举足轻重的。

张昭说：“曹操打算让我们送子入朝，这是古代牵制诸侯的方法。但如果咱们不派质子，恐怕他会兴兵江东，那时则江东危矣。”

张昭的话令孙权母子都有些失望，他们把希望寄托在了周瑜身上。

周瑜慷慨激昂地发表了一段精彩的演说，原文特附于下：

昔楚国初封于荆山之侧，不满百里之地，继嗣贤能，广土开境，立基于郢，遂据荆阳，至于南海，传业延祚，九百余年。

今将军承父兄余资，兼六郡之众，兵精粮多，将士用命，铸山为铜，煮海为盐，境内富饶，人不思乱，泛舟举帆，朝发夕到，士风劲勇，所向无敌，有何逼迫，而欲送质？

质一入，不得不与曹氏相首尾，与相首尾，则命召不得不往，便见制于人也。极不过一侯印，仆从十余人，车数乘，马数匹，岂与南面称孤同哉？

不如勿遣，徐观其变。若曹氏能率义以正天下，将军事之未晚。若图为暴乱，兵犹火也，不戢将自焚。将军韬勇抗威，以待天命，何

▲ 官渡之战

送质之有！

周瑜的这段话，有理有据，令人振奋。吴太夫人听后对孙权说："周瑜的话非常正确。周瑜与孙策是同岁的，只比孙策小一个月，我视他如子，你以后要把他当作兄长一样看待。"

吴太夫人不光支持了周瑜的意见，甚至还拔高到对周瑜人身追捧的程度。凭借吴太夫人的特殊身份和巨大威武，谁还敢再唱反调！

于是，在送质子的问题上有了定论：不遣子。

曹操的反应是，"自此有下江南之意。但正值北方未宁，无暇南征"。

第四节　一个不容被历史忽视的女人

江东除了有拥有巨大威望的吴太夫人，还有一个不可被忽视的女人——徐氏。

徐氏，名字不详，只知道她是孙权三弟孙翊的妻子。历史上关于她的描述也不多，从后来发生的事情来看，她应该很漂亮，而且擅长卜卦，机智刚敏。

公元 203 年，孙权的舅舅吴景死于丹杨郡太守任上。在江东诸郡中，若论实力，吴郡、会稽郡较强，但若论战略地位，丹杨则排在首位，因为它位居长江防线最前沿，而且这里有一种“特产”——丹杨兵，曹操、孙策都曾在这里招募过兵。

吴景死后，孙权将丹杨太守这个位子交给了自己的三弟孙翊。

在孙权几个兄弟中，孙翊和孙策最像，在战场冲锋陷阵绝对算是一员猛将。但要论到治理地方，他就显得有些力不从心了。

刚一到任，孙翊就为自己找来了两个“人才”——妫览、戴员。他让妫览担任都督，负责练兵；让戴员担任郡丞，管理政务。可以看出，孙翊对二人非常信任，把丹杨郡一文一武最重要的两个职务都交给了他们。

但他却忽视了，两个人都来自吴郡，而且都曾经被吴郡太守盛宪举为孝廉。早年孙策平定江东时，盛宪实际上已经因病离任。但年轻气盛的孙策在打击江东豪强士绅时，因为盛宪名气很大，也被他抓了起来。后来由盛宪的好友孔融出面向曹操求救，曹操任命盛宪为骑都尉，但文告送到江东时，盛宪已经被杀。

于是，盛宪的这笔仇就记到了孙氏兄弟的头上。

妫览、戴员二人不仅被盛宪举荐为孝廉，而且关系密切。盛宪被杀后，二人曾经逃到山里躲藏。孙翊重用二人，并没有能够化解二人心中的仇恨，他们一心所想的就是为对自己有知遇之恩的盛宪报仇，而近在咫尺的孙翊则成了他们报仇的对象。

所以，在丹杨任职的那段时间里，他们表面上假意逢迎，背地里一直在策划如何暗杀孙翊。他们发现孙翊虽然作战勇敢，但脾气暴躁，孙翊的部将边鸿对孙翊非常不满，于是三个人很快结成暗杀同盟。

作为一名像小霸王孙策一样勇猛的武将，孙翊平日里刀不离手，边鸿三人一直找不到合适的机会。

一天，丹杨郡的诸位县令、将领聚集丹阳，孙翊准备以太守的身份设宴款待。孙翊的妻子徐氏善于占卜，当天就卜了一卦，其象大凶。她就劝说孙翊今天不要出去会客。年轻气盛的孙翊哪会相信这一套，高高兴兴地去参加酒宴了。

酒宴上，孙翊喝多了。酒宴结束时，孙翊没有带兵刃，空着手出来送客。边鸿一看机会来了，就从后面砍倒了孙翊，并趁乱逃进了深山。

徐氏忍住悲痛，派人搜山，在次日夜里终于将边鸿缉获。这时，后世影视作品中经常出现的桥段出现了，“大反派”妫览、戴员把责任都推给边鸿，然后以迅雷不及掩耳之势将边鸿正法，来个杀人灭口。

二人并没有就此罢手，而是率人直接冲进了孙翊家中，将孙翊的侍妾全部霸占，但对于孙翊的正妻徐氏，他们没有那么容易得手。妫览看到徐氏貌美如花，又冰雪聪明，就对徐氏说：“我为你丈夫报了仇，你应当从我；不从，我就杀了你。”

徐氏并没有立即拒绝，而是使了个缓兵之计，她说：“丈夫刚死没有几天，实在不忍相从。可以等到月末，到时除掉丧服，再成亲也不迟。”

在美女面前，妫览像大多数男人一样选择了相信。

暂时安抚了妫览、戴员二人之后，徐氏秘密召见了孙翊的心腹旧将孙高、傅婴。她哭着对二人说：“先夫在时，曾经赞扬你们二人忠义。现在妫览、戴员二贼杀害我夫，将我家资童婢尽皆分去，妫览还要霸占我。我已假装同意，以安其心。你们可一面连夜报告吴侯，一面设计杀死二贼。若能帮我报仇雪辱，大恩大德永世不忘。”

二位忠心耿耿的将军被徐氏的一席话说得热血沸腾，他们立即按照徐氏的布置开始行动起来。

“大喜”的日子终于到了，徐氏提前让孙高、傅婴二人埋伏在里面，然后祭祀孙翊，结束后脱去丧服，沐浴熏香，浓妆艳抹，言笑自若，给人的感觉就是一个对结婚充满期待的新娘子。妫览的警惕心被即将抱得美人归的喜悦取代了。

夜幕降临，徐氏邀请府中婢妾请妫览入府，一起畅饮。妫览喝得醉醺醺之后，兴奋地进入了徐氏的房间。

徐氏大喝一声：“孙、傅二将军何在！”

两位埋伏已久的将军立即冲了出来，持刀杀死了妫览。

紧接着，徐氏派人邀请戴员来参加宴席。戴员一进入屋内，就被孙高、傅婴二人所杀。

大仇得报之后，徐氏重新换上孝服，将妫览、戴员首级，祭于孙翊灵前。

等到孙权得到三弟被杀的消息，匆忙赶到丹杨时，发现元凶已经伏诛，丹阳叛乱已经平息。他就让徐氏归家养老，而让孙静的次子孙瑜担任丹杨太守。

一场血染丹杨的惨剧，就这样被徐氏在极短的时间内解决了。

第五节　报仇终于等来机会

203 年，二十一岁的孙权心情很不错，经过三年时间夜以继日的努力，江东的局面已经大为改观。内部已经没有能成气候的反对者，外部也暂时安宁，而且周瑜、张昭、鲁肃等一大批文臣武将都紧紧地团结在了自己的周围，放眼江东，无论是敌是友，他都不再怀疑自己统领江东的能力。

按照当初鲁肃提出的国家战略，孙权已经完成了第一步——巩固江东。他现在开始要进行第二步——西进，夺取荆州、益州。

中国历史上的军事行动，虽然从本质上来说是实力与谋略的较量，但从操作层面来说，又特别讲究名正言顺，如果没有好的借口贸然出兵，会被天下有识之士指责，从而增加战争取胜的难度。

孙权不必为借口担心，因为他有非常充足的理由——为父报仇。

十二年前，孙坚奉袁术之命讨伐黄祖，黄祖战败逃亡，孙坚追击。黄祖部将在从竹林间发射暗箭，孙坚中箭身亡。当时的孙权才只有九岁，孙家的基业险些因此而葬送。

孙策崛起之后，一直试图为父报仇，但一直到了 199 年根基逐渐稳定之后，他才发动了对黄祖的攻击，并在沙羡大败黄祖，俘获了黄祖的妻儿，斩杀士卒数万人，遗憾的是却让黄祖逃脱了。

第二年，孙策意外遇刺身亡，为父报仇的重任就落在了孙权的肩上。

为父报仇和国家战略交织在一起，目标都锁定在了黄祖的身上。军情系统早已启动，关于黄祖的消息源源不断地汇总到了孙权手里，让孙权对黄祖有了一定的了解。

首先，黄祖才智不高，基本是个粗人，比较有名的一件事是怒斩祢衡。

祢衡是东汉名士，才华横溢，又恃才傲物。他与孔融交好，孔融把他推荐给曹操，曹操召他来做官，他不喜欢曹操，称病不去。曹操很生气，听说他擅长击鼓，就故意封他为鼓吏，以此来羞辱他。后来曹操大宴宾客，令鼓吏击鼓，祢衡竟然裸体击鼓，公然羞辱曹操。

曹操打算杀了祢衡，又不愿背负杀名士的罪名，就把祢衡送给了刘表。祢衡到荆州后，又怠慢、羞辱刘表，刘表也不愿担负杀名士的罪名，就把祢衡送给了脾气暴躁的黄祖。

祢衡到江夏后，确曾以其才华帮助过黄祖，但一次宴请宾客时公然对黄祖出言不逊，黄祖斥责他，他竟然骂黄祖是“死老头”。黄祖要处罚他，他骂得更凶，黄祖一怒斩了祢衡，算是做了一次曹操、刘表的“刀”。

其次，黄祖年迈。史书没有记载黄祖的真实年龄，他的部将甘宁形容他是“昏耄已甚”，“耄”本来就够老的了，又“已甚”，甘宁之言虽然有些夸张，但也可以看出黄祖确实够年迈的了。

不过，年迈归年迈，但真要讨伐却并不那么容易。

黄祖所处之地是荆州紧邻江东的前沿。面对江东一天天的强大，刘表对江东提防之心不断增加。江东西进必然进攻黄祖，于是刘表开始增加对黄祖的军事支持：他命黄祖以江夏太守的身份驻守西陵；任命黄祖的儿子黄射为章陵太守，驻守沙羡；命侄儿刘磐驻守彭蠡以西地区。三方成掎角之势，江东进攻任何一方，另外两方都可以支援。

为了应对刘表的部署，孙权命周瑜以中护军的身份驻扎在鄱阳湖一带；命徐盛驻守柴桑；命太史慈驻守江西海昏。

完成军事部署之后，孙权并没有立即发动攻击，他在等待时机——从都城传来的消息称，曹操近期准备南下进攻刘表。

虽然不久前的质子危机令曹操对孙权很是不满，但至少在表面上孙权还是效忠汉室，委身于曹操的。如果曹操进攻刘表，孙权正好可以从东面进攻黄祖。

本来这个等待要漫长一些的，因为曹操的主要对手袁绍战败病死，但北方四州依然在袁绍的三个儿子一个外甥手里。乘胜追击，摧枯拉朽，斩草除根，这些最基本的常识曹操自然知道，但曹操也有他的考虑：在他讨伐袁绍集团时，他一直担心南方的刘表会趁机进攻自己的老巢许昌。

曹操的担心并非杞人忧天，情报显示，北方的袁绍父子，南方依附刘表的刘备，都曾游说刘表和袁氏集团一起夹击曹操。

在这种情况下，曹操试图对刘表发动一次进攻，虚张声势，让刘表这个年迈的守成之主，断了北伐的念想。

但挥师南下，北伐的袁氏兄弟趁机做大了怎么办？

谋士郭嘉对曹操说，袁绍的儿子袁谭、袁尚素来互不相服，又有郭图、逢纪这样的谋臣在当中掺和，必然要反目。不如先南征刘表，静待其变，而后击之，一举可定也。

曹操采纳了郭嘉的建议，在 203 年的最后一丝溽热还没有被一夜北风逼退时，曹操发动了对刘表的征讨。

刘表大为恐惧，赶紧全州调集人马，布防在北方一带。孙权西进的机会来了！

除了之前驻守的孙权、徐盛、太史慈，孙权又派出程普、黄盖、韩当、吕蒙、凌操等部，几乎是精锐全出，他这次是志在必得。

战争进行得很顺利，江夏、章陵很快被攻克，刘表部署的三个防线，现在只剩下沙羡了。黄祖的人马退居沙羡，孙权亲自指挥攻城，黄祖出城迎战。最严重的一次，黄祖战败，眼看被捉，黄祖的部将甘宁突然射出一箭，射死了凌操，黄祖才得以逃脱。

黄祖父子苦守沙羡，城破已经指日可待，正在这时，江东传来山越乘孙权西进起事的消息，孙权被迫撤兵，第一次西征黄祖就这样遗憾地结束了。

第六节　身佩铃铛，却见识不凡

山越分布在长江以南的浙江、福建等省境内，东汉末年，天下大乱，这一带有一部分人不纳皇租而进入山区，占山为王，成为一方割据势力，这些割据武装统称山越。

山越一直是东吴政权的心腹大患，孙权从前线回来后，动员东吴精锐对山越发动攻击，这场战争耗时两年多才初有成效，而要彻底铲除之则还要多年以后。

就在这时，一个人的到来再次让孙权把目光从讨伐山越转向进攻黄祖。这个人就是甘宁。

三国时期的传奇人物很多，甘宁就是其中一个。

甘宁“少有气力，好游侠”。经常聚集一些轻薄少年，自认首领，带着弓箭，头插鸟羽，身佩铃铛，四处游来荡去。当时，百姓一听铃响，便知是甘宁这帮人到了。时人以“锦幡贼”称呼他们。

在任何时代，任何地方，似乎都不缺甘宁这种游手好闲的问题少年。

不同的是，甘宁这个问题少年和普通问题少年不一样。年长一点后，甘宁轻侠杀人，大有名声。当地官员、权贵如果肯隆重接待他，他可以为之赴汤蹈火；如果礼节不够隆重，他便放纵手下抢掠对方资财，甚至杀害官长吏员。

显然，甘宁已经从问题少年，转变成有组织的黑社会团伙头目了。

幸好这种状态没有持续太久，二十多岁后，他开始读书，并钻研了诸子百家之说。读书之后，他那浑浑噩噩的大脑开始变得逐渐清晰起来，他发现自己这样瞎混不仅难逃某一天被杀的命运，而且难有作为。于是，他带领着自己的弟兄投奔了荆州刺史刘表。

刘表，东汉宗室，少时知名于世，名列“八俊”，但诸葛亮在《隆中对》中评价他不习军事，在群雄割据的时代，终将无成。无成的结果，可能就是死。

这时，甘宁听说孙权在江东“招延俊秀，聘求名士，鲁肃、诸葛瑾等始为宾客”，便决定前去投效。不料他带着弟兄经过江夏时，无法通过，他只好留下来依附黄祖。

黄祖不仅脾气暴躁，而且不懂发现、提拔人才。前文说过，孙权第一次西征黄祖时，黄祖战败，险些被孙权部将凌操生擒，幸好甘宁一箭射死凌操，黄祖才得以逃脱。无论是为了报答救命之恩，还是为了重用人才，黄祖都应该提拔重用甘宁。然而，孙权撤退后，黄祖依然“待宁如初”。

黄祖为何如此不通情理呢？其实是有原因的，他嫌弃甘宁的身份——锦幡贼。他不仅不重用甘宁，还经常令人诱化甘宁手下之人。

甘宁的心彻底凉了。

但心凉归心凉，想离开，尤其是带着自己的弟兄离开黄祖，并没那么容易。甘宁心情非常苦闷。

当时，黄祖手下有一员大将苏飞，他非常赏识甘宁的才华，曾数次向黄祖举荐甘宁，均未成功。看到甘宁心情烦闷，他邀甘宁喝酒，酒酣耳热之际，他对甘宁说：“我数次推荐，主上不肯任用您。岁月流逝，人生几何？应该早做长远打算，寻一个知己，成一番大事！”

甘宁感叹：“我也想走，可没有机会啊！”

苏飞说：“我请主上任你做邾县县长，到时你可以自由选择去留。”

甘宁非常高兴。

不久之后，在苏飞的举荐下，甘宁真的被委派到了邾县。他带着一些愿意跟随自己的弟兄，离开江夏，直接投奔了江东。

甘宁首先见到了周瑜。两个人一聊，周瑜发现甘宁不仅是一员猛将，而且很有见识，就把甘宁推荐给了孙权。

见到孙权后，甘宁把这些年藏在心中的对时局的认识，讲给了新主子。

甘宁说，如今汉室日益衰微，曹操更为骄横专断，最终要成为篡汉的国贼。荆州这个地方，既有山势屏障的便利，又有江河流畅通行，真是我们东吴西面的屏障啊！我曾在刘表手下干过，据我观察，刘表这个人没有深谋远虑，接班人又差，他们根本守不住这个地方。将军应该先下手为强，免得落在曹操之后。

该如何图刘表呢？

甘宁说，图刘表，第一步是图黄祖。黄祖如今年迈，昏聩无能，身边的人都在愚弄欺骗他，而且他军资缺乏，又一味贪财，经常克扣下属军饷，手下人对他都心怀怨恨。此外，黄祖的战船及军械器具破损严重，不加修整，军队也缺乏训练。将军如果进攻，黄祖必败！黄祖一旦失败，将军可以一鼓而下占领荆州。等到军势增大扩广，可逐渐谋取巴蜀之地了。

甘宁的建议，和当初鲁肃的国家战略基本吻合，本来正一门心思对付境内山越的孙权，听到后非常高兴，他开始再次考虑西征了。

但一旁的重臣张昭却不认可，他说："江东自身危急还没有解决，如果军队贸然西征，恐怕会引来内部大乱。"

甘宁立即反驳："将军将萧何这样的重任交给阁下，让你留守后方，而你却担心出乱子，你用什么来追慕古人呢？"

看到两人起了争执，孙权举起酒杯，对甘宁说："兴霸，这次西征行动，就如同这杯酒，我决定把它托付于你了。你可以尽力执行你的计划，一定能够打败黄祖。如此就是你立了大功，何必计较张长史的话呢。"

就这样，在孙权的支持下，第二次西征黄祖的军事行动开始了。

第七节　黄祖，只是貌似强大

207年，孙权发动了对黄祖的第二次征伐。

然而，这次征伐却没有取得太大战果，因为征伐途中突然传来噩耗：那个对孙权无限支持的母亲——吴太夫人病危。

在当时的通信条件下，等孙权得到消息已经是数日之后了，他急忙返回，也没能见到母亲最后一面。以至于他的母亲临终前，只能召来张昭，嘱以后事。

料理完母亲后事的几个月后，孙权第三次西征黄祖。

因为此时的曹操已经彻底解决了袁绍的残余势力，统一了北方，随时会南下。

南方的割据势力中，自西向东依次是巴蜀的刘璋、荆州的刘表、孙权的江东。刘璋太远，孙权暂时和曹操还保持着表面的依附，所以曹操一旦南下，目标第一个就是刘表。

就如同甘宁建议的，必须抢在曹操之前开始西进。

这一次孙权让张昭留守后方，江东几乎是倾巢而出。在军事部署上，孙权任命周瑜为前部大都督，偏将军董袭、破贼校尉凌统、平北都尉吕蒙为前部先锋。

面对来势汹汹的孙权，年迈的黄祖也感到了压力。对于黄祖父子来说，这一战可以说是保命之战，所以在准备上也是倾尽全力。

黄祖的军事部署很简单粗暴，也确实很有效——你孙权不是要逆江而上吗？那我就用两艘艨艟（巨大战船）封锁江口，用棕榈拧成长绳，下系巨石，将艨艟固定于江心，阻截你孙权的船只进入。每艘艨艟上还有几千士兵，弓弩交叉发射，箭如雨下，令孙权的部队无法靠近。

副将甘宁对董袭说："事已至此，不得不进。"

这时，前部先锋的作用开始凸显了。董袭、凌统各率敢死队100人，身穿两副铠甲防箭，乘坐大船插入黄祖的两艘艨艟之间。董袭用刀砍断了艨艟连接水下大石的绳索。艨艟失去了控制，开始横流，孙权的舰队得以通过。

黄祖一看防线被突破，赶紧派出都督孙就率领船队迎战。失去防线的黄祖军队哪里是孙权军队的对手？孙就刚迎上来，前部先锋吕蒙就杀了过来，把孙就斩杀，并将其人头高悬在旗杆上以威慑黄祖军队。

与此同时，另一位前部先锋凌统也斩杀了黄祖手下大将张硕。

防线被突破，接连两位大将被杀，黄祖的军队瞬间溃败。东吴将士受到鼓舞，水陆两路并进，直抵黄祖的基地沙羡。

孙权原本以为又会像上次一样，来一场"沙羡攻坚战"呢，没想到刚刚战败的黄祖父子已经被吓得心胆俱裂，几乎没有怎么抵抗，就弃城而逃了。

进入沙羡后，孙权宣布屠城。在那个时代，夺城之后屠城是很普遍了，但对于一代英主孙权来说，却不是一件很光彩的事。

对沙羡尚且如此，对待黄祖的恨自然可想而知。得知黄祖逃跑了，孙权立即命人追捕。

因为追黄祖心切，孙权还让随行懂得占卜的吕范卜了卦。吕范卜完之后告诉孙权："黄祖还没有跑远，必能生擒。"

果然，一天后传来消息，黄祖被吕蒙部将冯则遇到，被冯斩首。

杀父之仇报了，西部的威胁也解除了，自然少不得论功行赏。砍断艨艟绳索的董袭、杀死张硕的凌统都得到了应有的奖励。

但轮到甘宁时，却出了点问题。

其实，早在攻破黄祖时，孙权就命人准备了两个匣子，一个用来装黄祖的头，一个用来装苏飞的头。装黄祖的头没有争议，但苏飞就不同了，虽然早年辅佐黄祖时，他没少给黄祖出主意，但他毕竟不是首恶，与孙权没有杀父之仇，而且最重要的是他对甘宁有恩。所以，自从得知苏飞被俘之后，甘宁就很着急。

在庆功宴上，甘宁走下宴席，跪倒在孙权面前，涕泗交流，对孙权说："如果没有遇到苏飞，我甘宁早已身死，就无法效忠主公了。现在苏飞按罪当斩，我祈求主公饶苏飞一死。"

孙权很受感动，对甘宁说："我现在把他释放了，如果他逃跑了，怎么办呢？"

甘宁担保："苏飞免于被杀，受你再生之恩，即使赶他走他也不会走，哪有逃跑的道理呢？如果他真跑了，我愿把我的首级代替他的装入匣中。"

有了甘宁的力保，孙权赦免了苏飞，并拜其为典军中郎将。

经过黄祖之战，孙权的势力得以向西推进了数百里，洞开了荆州的门户。此后虽然刘表任命刘琦为江夏太守，但势力大都局限于江北。江南的诸多军事要塞，都控制在孙权之手。

然而，孙权并没有太多的喘息时机，因为更为强大的敌人曹操要来了，孙权不得不提前结束他的"实习期"，以全部的精力用来对付他一生最强大的敌人——曹操！

第三章

赤壁一战改变了历史

第一节　刘表父子留下的难题

208年，六十七岁的刘表忧心忡忡。

北方的曹操收拾完了袁绍的残余势力，随时都会南下；而孙权已经完全掌控了江东，他们杀了自己手下的大将黄祖，正虎视眈眈地盯着自己手中这块肥肉——荆州。

为何自己的地盘会沦为别人眼中的肥肉呢？难道自己真得弱到任人宰割的地步了？

连日里，刘表总是回想起自己曾经风光无限的年轻时光。

年轻时的刘表，可谓是文武全才，风光无限。

刘表出身于大汉宗室，祖上可以追溯到实现“光武中兴”的刘秀，和提三尺剑斩白蛇起义的刘邦，所以自己血管里，流淌的是高贵的皇族血液。

《三国演义》中的刘表，似乎是唯唯诺诺，软弱可欺，但真实的，尤其是年轻时的刘表可不是这样。刘表早年受过良好教育，“党锢之祸”爆发时，他与太学的学生一起参加运动，又因他身高八尺有余，相貌堂堂，而位列“八俊”。

闹事是要付出代价的，当时皇帝下诏书逮捕党人加以治罪，刘表逃走没被捉住。风头过了以后，刘表被大将军何进召为佐吏。

如果说和当时最有文化的一批太学生一起闹事，证明了刘表有文化，够勇敢，像个激进的大学生。那么下面这件事则证明，刘表也具有杰出的政治军事才能。

190 年，荆州刺史王叡为孙坚所杀，朝廷下诏派刘表继任。

虽然有了朝廷诏书，但在那个兵荒马乱的年代，刘表想成功上任并不容易。当时，野心勃勃的袁术屯于鲁阳，手下拥有所有南阳之众；吴人苏代为长沙太守，贝羽为华容县长，各拥民兵而于当地称霸，导致刘表无法直接上任。

如果刘表真像外界认为的那样唯唯诺诺，可能就放弃上任了。实际上，刘表不仅没有放弃，而且不带任何随从，单人独骑直奔荆州。

进入荆州之后，刘表与当地的蒯良、蒯越、蔡瑁等共谋大略。

刘表开门见山地说："此间宗贼甚盛，群众不附，袁术因而取乱，祸事如今已至了啊！我希望在这里征兵，但恐其不能聚集，众位有何对策呢？"

荆州南郡望族之一、蒯家的代表人物蒯良说："群众不附的原因，是出于仁之不足，群众依附而不能兴治的原因，是出于义之不足；如果仁义之道能行，则百姓来归如水势之向下，何必担忧来者之不从而要问兴兵之策呢？"

刘表又问蒯良的弟弟蒯越。

蒯越说："治平者以仁义为先，治乱者以权谋为先。兵不在多，在能得其人。袁术为人勇而无断，苏代、贝羽皆一勇之武夫，不足为虑。宗贼首领多贪暴，为其属下所忧。我手下有一些平日具备修养的人，若遣去示之以利，宗贼首领必定持众而来。使君便诛其无道者，再抚而用其众。如此一州之人，都乐于留守此州，得知使君为人有德，必定扶老携弱而至。然后兵集众附，南据江陵，北守襄阳，荆州八郡可传檄而定。袁术等人虽至，亦无所能为了。”

刘表叹道：“蒯良之言，可以说是雍季之论；蒯越之计，可以说是臼犯之谋。”

于是，刘表便让蒯越派人诱请宗贼五十五人赴宴，将其全部斩杀，一并袭取他们的部众。只有江夏贼张虎、陈生拥众据守襄阳，刘表乃使蒯越与庞季单骑前往将其说降。

荆州的郡守县长听说刘表威名，大多都解下印绶逃走。至此，刘表控制了除南阳郡外的荆州七郡，理兵襄阳，以观时变。

在荆州期间，刘表恩威并著，招诱有方，使得万里肃清、群民悦服；又开经立学，爱民养士，从容自保；远交袁绍，近结张绣，内纳刘备；据地数千里，带甲十余万，称雄荆江，先杀孙坚，后又常抗曹操。

所以那时的刘表是风光无限的，在割据一方的诸侯中，刘表也是数得上的一个。

从经济上来看，刘表统治荆州期间，荆州社会稳定，人民富庶，远非战火不断的北方、江东可比。

从军事上来看，刘表拥有十几万军队，还有数量不少的优秀水师，而且装备先进，当初黄祖抵抗孙权时，用两艘大船就封锁住了江面。

更重要的是，从人才上来看，在武将方面，刘表有黄忠、魏延、甘宁、文聘，这几个人后来分别投奔了刘备、孙权、曹操，成为威震一方的大将。

在文臣方面，刘表有蒯良、蒯越、王粲，投降曹操后，蒯越官至光禄勋，“建安七子”之一的王粲深得曹操父子信任，赐爵关内侯。

后来，连刘备、关羽、张飞、赵云、孙乾也一同投奔到了刘表帐下。

除了这份已被刘表任用的人才名单，荆州境内在野的人才更是数不清，如司马徽、诸葛亮、庞统、徐庶、马良、马谡等都是一等一的人才。

人们常说，人生的成功不在于拿到一副好牌,而是怎样将坏牌打好。而刘表正好相反，他将拿到手的一副这么好的牌，却硬生生地打坏了。

从内部原因来说，刘表控制荆州，靠的是蔡、蒯、向、黄四大家族，而也被四大家族反制，以至于四大家族之外的人才难以得到重用。

当然，最主要的原因是，成为一方之主的刘表年纪大了，优柔寡断。曹操北征袁绍时，袁绍曾邀请刘表一起夹击曹操，刘表没有行动，坐观成败。曹操收拾完袁绍之后，第一个目标就是刘表，刘表的麻烦来了。

除了来自外部的麻烦之外，内部的麻烦更令年迈的刘表揪心。

刘表有两个儿子：刘琦、刘琮。刘琦年长，又和刘表容貌相似，刘表很喜欢他，立他为嗣子是毫无疑问的。

但后来刘琮娶了刘表继室蔡夫人的侄女，蔡氏就爱屋及乌，喜爱刘琮而讨厌刘琦。在蔡夫人和其弟大将蔡瑁的支持下，刘琦被排挤到了江夏，以求自保。连刘表死时，都没有在跟前。

刘表在忧虑中病死以后，在蔡夫人、蔡瑁等人的支持下，刘琮成为荆州之主。

不久曹操挥师南下，刘琮召集大家商议对策，众人几乎意见一致，提出投降。刘琮有些悲哀地说："现在我们据有整个荆州，守着先君基业，又有刘备相助，即便要投降，再观望一阵不可以吗？"

然而，答案是不可以。他们不愿等，轮番上阵劝刘琮投降。就这样，刘琮屈服了，曹操兵不血刃占领了襄阳。

刘琮的投降，把曹操这个大麻烦一下子抛给了孙权和刘备。

第二节　孙权特使去了荆州

在那个通信极不发达的时代，尽管有军事情报不断传来，远在柴桑的孙权也知道刘表死了，曹操来了。但是刘琮投降曹操这些更进一步的信息，他就不知道了。

不知道就难免焦虑，因为曹操太强大了，一旦他控制了荆州，则江东危矣。

看到主公忧虑，鲁肃说："曹操非常强大，刚刚灭了袁绍，现在兵强马壮，乘胜讨伐刘表父子，胜利是必然。不如我们现在派兵支援曹操，并提早送家眷到邺城充当人质。再晚，恐怕就来不及了！"

孙权气坏了！

孙权是个雄才大略的政治家，当初表面依附曹操，实际上是因为曹操远在许昌，根本管不到自己，表面上的依附可以获得暂时的和平，以给自己整顿江东赢得时间。

现在曹操真来了，那就要真刀真枪地干了，没有任何回旋的余地了，哪能还帮助曹操讨伐刘表父子，还送家眷去邺城充当人质？

自认识鲁肃以来，孙权一直把鲁肃当作心腹，信赖程度超过周瑜等所有人。没想到关键时候，鲁肃竟然出了这个主意。

失望、愤怒至极的孙权直接喊人：把鲁肃给我拉出去斩了！

看到孙权发怒，鲁肃反而露出了会心的微笑。

实际上，作为一名有担当的战略家，鲁肃是反对东吴投降曹操的。但在当时整个江东统治集团内部，降曹的呼声一直很大。虽然平日里，鲁肃经常和孙权在一起，但在是否降曹、抗曹整个问题上，孙权到底持何种态度，而且坚决的程度如何，鲁肃心里一直没底。所以他抛出降曹的言论，实际上是为了摸一下孙权的底。看到孙权如此坚决之后，他放心了。

他对孙权说："既然不愿意投降曹操，就应该发兵帮助荆州。"

孙权一下子来了兴趣，连忙问："愿闻其详。"

鲁肃说："荆州与我邻接，江山险固，士民殷富。我们若据而有之，此帝王之资也。现在刘表新亡，刘备新败，如果刘备能够与荆州上下一心，我们则应该予以安抚，帮助一同对付曹操。如果他们不能同心同德，那么我们就主动夺取荆州，以免落入曹操之手。"

就像当初提出国家战略一样，鲁肃的这个计划再次得到了孙权的认可。时间紧迫，他命鲁肃作为特使，立即赶往荆州首府——襄阳。

柴桑就是今天的江西九江，到湖北襄阳有一千多里，刚走到半路，鲁肃就得到刘琮投降、曹操占领襄阳的消息。

局势发展太快了，此时再去襄阳无疑是肉包子打狗——有去无回。如果是普通特使，这时可能就会选择打道回府了，因为襄阳已经失守了，要赶紧回去请示主公，下一步该怎么办？但鲁肃不是一般的特使，所以他没有回去。刘琮及刘表留下的十几万人马是指望不上了，他开始把希望寄托在刘备身上。

在鲁肃眼里，刘备是很奇特的人。

刘备虽然是汉室宗亲，自称西汉中山靖王刘胜之后，但现在已经到了东汉末年，像西汉某位王爷的后人，在整个中国可谓不胜枚举，所以刘备的皇族身份，并没有多少含金量。

刘备早年丧父，家境贫寒，靠母亲织席贩草鞋资助，才得以到退休的大儒卢植处读书。母亲如此含辛茹苦地支持自己读书，刘备是否像很多励志故事里的主角那样勤奋刻苦地学习呢？

没有！史书评价他是“不甚好读书”，整日里结交豪侠。所谓豪侠，按照今天的眼光来看，实际上是一些混社会的人。不过，刘备比较幸运，他结交了关羽、张飞这两个万人敌的猛将。

适逢黄巾军起义，天下大乱，刘备带领着关羽、张飞就投入了这场轰轰烈烈的洪流之中。

刘备的“革命”生涯一直不顺，他投靠过多个诸侯，先后有北海相孔融、徐州牧陶谦、河北袁绍、荆州刘表，颠沛流离多年，一直没有一块属于自己的地盘。从整个过程来看，无论是文治，还是武功，都远逊于曹操，甚至是其他军阀。

但刘备自有刘备的长处，那就是意志力坚强。这个不知道隔了多少代的中山靖王之后，心中时刻想的却是光复汉室。无论经历多少磨难，他依然雄心不改。为了这个雄心，他对人才有一种强烈的渴望，终于有了关、张、赵这些旷世猛将；为了这个雄心，他屡战屡败，又屡败屡战，连曹操都称赞："天下英雄，就是你跟我。"

刘备是一个能力不算杰出，而靠意志力取胜的典型。

对于政治人物来说，强大的意志力能够补充才能不足，因为有了意志力，有了坚定的目标，就可以起用人才、信赖人才、重用人才。当年秦孝公为了向魏国报仇，起用了很有争议的商鞅，终于使秦国强大；燕昭王为了向齐国报仇，起用了乐毅，险些将强大的齐国灭掉。

意志坚定的刘备，与秦孝公、燕昭王很像，不久前他获得了诸葛亮，相信刘备应该会有一番作为。

所以，在得知刘琮集团降曹之后，鲁肃觉得一定要见一下刘备。

第三节　二十七岁诸葛亮PK二十六岁孙权

虽然刘备被孙权、鲁肃寄予厚望，但此刻刘备的处境却一点都不妙。

刘表死了，刘琮降了，刘备没了可以依靠的力量，他犹如寒风中的一支孤立的幼苗，需要独自承受曹操这股凛冽的寒风。

孤立的幼苗是抵挡不住寒风的，曹操大兵压境之后，刘备所能做的就是逃跑，或者说叫作战略转移。

往哪儿转呢?

刘备命关羽带领水师，直奔江夏，与留守在那里的刘琦公子会合。而刘备则率领诸葛亮、张飞、赵云，绕过襄阳，直奔江陵。

江陵地处长江中游，江汉平原西部，南临长江，北依汉水，西控巴蜀，南通湘粤，古称“七省通衢”。同时这里也是荆州水军基地和后勤基地，刘表在那里囤积了不少粮草、军械。刘备显然要占领江陵，与曹操抗衡。

但想见到刘备的鲁肃，并没有直奔江陵，而是留在了去江陵的路上等刘备，因为他判断曹操不会让刘备那么容易抵达江陵。

事实再一次证明了鲁肃这位天才战略家的眼光的毒辣。

曹操看到刘备直奔江陵，急忙率军追赶，在长坂坡终于追上了刘备的军队。在长坂坡一带，《三国演义》中上演了赵云为了救主，在百万曹军中杀了个七进七出；张飞长坂坡一声断喝吓退了百万曹军；刘备摔阿斗等可歌可泣、可圈可点的故事。但最终的结果是，刘备败了，而且败得是一塌糊涂，败得失去了希望。

就是在这样一个近乎绝望的时刻，刘备见到了他人生中的贵人——鲁肃。

鲁肃开门见山地问刘备，下一步打算去哪里?

当时放眼天下，能够与曹操抗衡的也只有江东孙权了，刘备当然是希望能和孙权联手抗曹。但在没有明确鲁肃的真实意图时，刘备虚晃一枪道：“苍梧太守吴巨是我的老朋友，我打算去那里投奔他。”

苍梧位于广西，在当时近乎荒蛮之地；而吴巨也只是一个普通太守，根本无法被刘备依靠。

这时鲁肃诚恳的一面显露了出来，他直接说："吴巨只是个平庸之人，而且苍梧地处偏远，随时都可能被别人吞并，你怎么能去依附他呢？"

刘备没有说话。

鲁肃接着说："我们将军聪明仁慧，礼贤下士，江东英雄都归附于他。现在他坐拥六郡，兵多将广，足以成就一番大业。我为刘将军打算，当派出心腹，出使东吴，与孙将军联合，共同完成大业。"

真是正犯困呢，天上掉下个枕头！

于是，刘备改变去江陵的计划（曹操也不让他去），奔赴江夏与关羽、刘琦汇合。同时派出诸葛亮，奔赴江东，晋见孙权。

从当时的情况来看，孙刘联合，算是弱弱联合，共抗强曹。但这有可能只是刘备、诸葛亮的一厢情愿，因为孙权也可以选择联强灭弱，因为至少表面上，孙权的破虏将军还是东汉朝廷册封的。

所以，此次的江东之行，能否争取到孙权的支持，诸葛亮心里也没底。

按照一般说客的套路，见到孙权后，自然少不了要晓之以理，动之以情，鼓动孙权联合刘备抗曹。但诸葛亮不是一般说客，所以他并没有按照这个套路出牌。

在鲁肃的引荐下，诸葛亮见到了孙权。

这一年，诸葛亮二十七岁，孙权二十六岁，两个还处在大学生刚毕业年龄的年轻人，展开了一席改变了中国历史进程的对话。

初次相识，两个人精相互试探。

孙权说："现在曹操实力强大，刘备刚刚战败，江东也有自己的难处。请问足下可有良策？"

诸葛亮首先分析形势："海内大乱以来，将军起兵据有江东，刘备也把部众聚集在汉水之南，招募军队，打算与曹操争夺天下。现在曹操已经平定了其他势力，基本上占据了北方，如今南下攻破荆州，威震四海，使英雄无用武之地，所以刘备才败逃到了这里。"

上面的分析没有问题，但诸葛亮下面的话就有点刺耳了。

"就眼下的局势而言，将军有两条路可走。一是如果能以吴、越的军力与中原之国抗衡，不如早和曹操断交；二是如果认为不能抵挡，就应该尽早停止军事行动，早日向北方俯首称臣。"

最后，诸葛亮还不忘再刺孙权一下："现在将军表面上服从曹操，内心里却犹豫不决，在这样紧急的关头，却不能决断，大祸就要降临了！"

这显然是诸葛亮的激将法，但孙权没有听出来，感到被轻视的他生气地反问："如果真像你说的那样，刘备为何不投降曹操呢？"

于是，诸葛亮又上了一剂猛药："田横只不过是齐国的一个壮士罢了，尚且能够守义不辱，何况我家主公刘备乃王室之胄，英才盖世，众士对其的慕仰，犹如水之归海。若我主刘备抗曹失败，这是天意。我主岂肯拜于曹操脚下！"

孙权被激怒了，他生气说："我决不能让东吴之地，十万之众，受制于他人。吾计决矣！"

就这样，在诸葛亮的激将法攻势下，孙权亮出了自己的底牌。接下来就是具体谈判和实施的问题了。

第四节　张昭令孙权很为难

亮出了底牌之后，孙权开始考虑起现实问题来，他问诸葛亮："方今天下，除了刘备之外，就没有能够抵抗曹操的人了。但现在刘备刚刚战败，还能抵抗得住曹操的进攻吗？"

激将法奏效之后，诸葛亮开始转为给孙权以鼓舞了。他说："刘备虽然刚刚败于长坂坡，但现在战士生还者、关羽的水军还有万人。刘琦公子的部队也不下万人，加起来有两万人。曹操的军队虽然数量众多，但是远道而来，长途跋涉，早已经是疲劳之师。听说曹军追赶刘备的轻骑兵，一天一夜走了三百多里路，已是强弩之末，连一层薄薄的绢子也不能穿透了。此外，北方人不习惯水战。荆州人归附曹操，只是迫于形势，并不是真心归附。

"现在将军若能派出猛将，统兵数万，和刘备一起同心协力，一定可以打败曹操。一旦曹操战败，必然退回北方。到那时，荆州、东吴的势力就会增强，鼎足而立的局面就可以形成。成败的关键，就在于将军你的决断了。"

诸葛亮的一番话，大大增强了孙权的信心。他决定统一思想，一致行动。

▲ 文鸯单骑退敌

统一谁的“思想”呢？当然是东吴那些大大小小的文臣武将们，因为不管孙权的决心有多大，最终抗曹的行动还是要靠东吴这些大大小小的文臣武将们去执行。

不过，虽然孙权是江东的主公，但要统一思想，却并不那么简单。因为就在孙权打算统一思想时，局势又进一步恶化。

曹操攻下江陵后，并没有立即进攻刘备，这不是因为他想给刘备以喘息之机，而是因为他需要稳扎稳打，趁刘表刚死，赶紧把荆州收入囊中。

一方面，他下令“荆州吏民，与之更始”，就是要荆州当官的和普通百姓，赶紧投降我曹操。投降是有好处的，蒯越等十五个降官被封侯，还有多位官吏被封大官。一轮论功行赏之后，刘琮的荆州终于姓了曹。

另一方面，曹操又派人去荆州下面的郡招降，长沙、零陵、桂阳三郡都降了曹操。这样一来，偌大的荆州只剩下江夏还在刘备、刘琦手中。

经过这近两个月的安抚，曹操扩大了地盘，稳住了荆州，还收获了荆州七八万军队，一千多艘大小船舰，实力大增。

其实，曹操没有立即进攻刘备，还有一个原因。当时曹操集团很多人都一厢情愿地认为，之前江东孙权都是依附朝廷，依附曹公的，所以这一次，孙权也会响应曹操号召，杀掉刘备。

例如，那位在后世影视作品中被塑造成“奇谋百出，算无遗策”的贾诩就认为：“曹操昔日破了袁绍，现在又取了荆州，威名远扬，军势大盛，如果能够利用楚地的富饶条件，犒赏吏民，安抚百姓，让他们安居乐业，那么不用出动军队，就可以让会稽郡俯首称臣了。”

但曹操的大谋士程昱却认为：“孙权刚刚继位，还没有被海内英雄所敬畏，曹公无敌于天下，现在又克平荆州，威震江东。孙权虽然有些韬略，但他自知不是曹公的对手。刘备英名远播，手下又有关羽、张飞、赵云一干猛将，孙权必定会借助刘备的力量来对付我们。当前的局势会迫使两家联合，所以孙权不会杀死刘备。”

不管谋士们持有何种观点，此刻的曹操是骄傲的，他刚刚安抚好荆州之后，就给孙权下了战书，战书中说：“最近我奉天子之命，讨伐罪臣。大军所到之处，罪臣刘琮束手就擒。现在我已经集结了八十万大军，想邀请你孙权会猎于东吴。”

八十万大军！这是赤裸裸的挑衅！赤裸裸的恐吓啊！

当孙权把这封战书传阅给诸位大臣看时，大家都傻眼了。

当时，除了在鄱阳湖练兵的周瑜及其身边将领外，留在柴桑的文臣和部分武将几乎一边倒地支持投降。

就连孙权的堂哥豫章郡太守孙贲也试图把自己的女儿嫁给曹操的儿子，想给自己留条退路。后来被东吴开国功勋朱治一顿数落，孙贲才放弃了这个愚蠢的计划。

在诸多主降派中，最值得一提，也是影响力最大的当属张昭。

作为江东第一重臣，张昭已经数次站在了历史的对立面。

孙策死时，在挑选江东接班人的问题上，张昭支持和孙策性格较为接近的孙翊，而孙策则选择了孙权，后来的结果证明了张昭是错误的。

孙权刚刚继位，曹操要求东吴派出质子，张昭站出来支持，最后在周瑜、吴太夫人的反对下，东吴没有派出质子，后来的结果也证明了张昭是错误的。

在甘宁提出讨伐黄祖时，张昭果断站出来反对，结果东吴击败对手并斩杀了黄祖，这个结果再次证明了张昭是错误的。

一个人做件错事并不难，难的是他老做错事。

这一次曹操大兵压境，张昭又果断地站出来，呼吁孙权降曹。张昭说："曹操像豺狼猛虎一样，又挟天子以征四方，如果抗拒，事情很不顺。将军以前可以凭借长江天险，现在曹操已经占据荆州，拥有了强大的水军，天险的优势我们已经丧失。敌我双方实力悬殊太大，根本就不能相提并论，只有投降才是上策。"

张昭的意思很明确：曹操很厉害，你孙权不行，赶紧麻溜儿地投降吧！

对于张昭的这个态度，孙权是非常不满而且永记在心的，后来孙权称帝时就曾说："如果依张公当年之计，恐怕我早就当乞丐了！"

不过，此时的张昭是江东集团中地位非常高的一位元老，他的话在江东很有分量，而且张昭的这个观点本身也很有道理，所以张昭一说完，很多人都跟着附和。

不仅没有"统一"下属的思想，反而险些被下属给"统一"了，孙权感到有些为难。

第五节　孙权是这样支持下属的

其实，令孙权为难的不仅仅是张昭等主降派的观点，更重要的是事情本身。作为一个独立政权的主人，他当然不愿投降，但曹操的几十万大军确实又令他感到忧心忡忡。

在一片主降的议论中，鲁肃一直没有说话。他在不时地观察孙权，也在等待进言的机会。终于，坐了很久的孙权起身去更衣时，鲁肃连忙跟了上去。

孙权知道鲁肃的意思，就拉着鲁肃的手说："你想说什么，就说吧！"

对于主公孙权的主动拉手，鲁肃有些感动，他说："刚才诸位大臣的意见，都会误害将军，不值得与他们共商大事。现在像我鲁肃这样的人可以去投降曹操，但将军你却不可以。为何呢？如果我投降曹操，他会将我送回乡里，给一个名位，最低也可以做个曹从，携带随从，交游士林，不断升官，就可以做到大官。而将军降曹，能有安身立命之地吗？希望将军早做决定，不要理睬那些主降派的言论。"

鲁肃的话是非常有说服力的，远的不说，就说邻居刘琮。刘琮归降曹操后，首先文臣武将大都获得封赏，只有主公刘琮处境凄凉。

所以听了鲁肃的话，孙权非常感动：“刚才那些人的观点，令我大失所望。现在你所阐明的国家大计，正与我所想的一样，你真是上天赐给我的啊！”

接着，鲁肃建议召周瑜回来商议，因为江东一直有“外事不决问公瑾”的传统。

周瑜回来后，张昭等人又是一番主降言论，周瑜直接反驳：“曹操名为汉朝丞相，实际上是汉朝奸贼。主公孙权神明威武，雄才大略，依据父兄的威名，割据江东，地方数千里，兵精粮足，英雄豪杰都臣服主公。现在正是称霸天下，扫除汉贼的时候，何况现在曹操正前来送死，怎么可以投降曹操呢？”

周瑜知道，要得出“孙权必胜，曹操必败”的结论，需要有充分的论据。周瑜说：“假如北方已经完全平定，曹操没有了后顾之忧，或许可以在陆地上与我们进行一场旷日持久的战争，但在水上他们能和我们争胜负吗？况且，现在北方并没有完全平定，马超、韩遂在关西蠢蠢欲动，是曹操的后患。

“曹操舍弃习惯的鞍马，踏上不习惯的战船，想与我们江东吴越之人一争胜负，这是舍长就短。现在已是寒冬，曹操补给不足，战马缺粮草。曹操驱北方士兵，远涉南方，必然会水土不服，发生疾病。

“以上几点都是行军打仗所忌讳的，曹操都犯了。主公要活捉曹操，这次就是一个好机会。请主公给我三万精兵，进驻夏口，保证为主公打败曹操。”

周瑜的一席话，令年轻的孙权非常激动：“曹操老贼意图废汉自立，已经蓄谋已久，所担心的是二袁、吕布、刘表和我。现在二袁等人已灭，只有我还在，我定与老贼势不两立！”

说完，他抽出佩刀砍向面前的奏案说：“以后文武官员谁再敢说投降曹操的，就和这个奏案一样！”

看到孙权态度如此决绝，那些主降的文武大臣都不敢再吭声了，讨论就此结束。

大方向已经确定了，接下来就是如何实现的问题了。

周瑜知道虽然孙权主战，但内心对曹操的八十万大军还是心存忧虑的，所以当晚他一个人拜访了孙权。

关于曹操的兵力，周瑜说：“那些主降派看到曹操声称有八十万大军，不去分辨真假，就被吓破了胆，真是太可笑了。据我分析，曹操从北方带来的兵力不过十五六万，而且已经疲惫不堪。从荆州刘表处获得的兵力，不过七八万，而且他们对曹操心存疑惧。”

作为杰出的将领，周瑜没少从敌人处获得军事情报，所以他对曹军数量的分析还是比较准确的。不过虽没有八十万,二十多万也不是一个小数字。

所以周瑜继续说：“曹操带着疲惫的军队，人数虽多，却并没有什么可怕的。主公请给我五万精兵，我就可以打败曹操，请主公不用担忧。”

孙权听完，抚着周瑜的背，感慨地说：“公瑾的这些话，正合我意。张昭等人各顾妻子，心存私心，令我失望。只有你和鲁肃观点与我一致，真是上天安排你俩来辅助我的呀！”

“不过，五万精兵一时难以备足，现在已经选出精兵三万，战船、粮草已经备好。你和鲁肃率部先行出发，我随后再增加兵力，准备粮草，做你的后援。”

此时此景，很多主公喜欢对临上前线的将领说：“吃了败仗，提头来见！”

但孙权却说：“你如能够打赢，就好好地打；如果打得不顺利，就撤回来，我亲自上，与曹贼决一死战。”

孙权这样说，一是因为让周瑜率领三万人去迎战曹操二十多万人，确实兵力过于悬殊；二是因为他信任周瑜，他知道不要给周瑜任何压力，而周瑜也必然会倾尽全力迎战曹操。

响鼓不用重锤敲！

随后，孙权发布命令，任命周瑜为总指挥（左都督），老将程普为副总指挥（右都督），鲁肃为参谋长（赞军校尉），率领三万精兵，沿长江西进，开赴一个辉煌的战场——赤壁。

第六节　刘备，一个实用主义者

在《三国演义》里，劝说江东联刘抗曹，几乎都是诸葛亮的功劳，这虽不完全符合真实历史，但诸葛亮初遇孙权就提出的曹军是疲惫之师、不习水战、荆州新降士兵未真心归附，这些观点和后来周瑜提出的基本一致。

所以，对于只比自己年长一岁的诸葛亮，孙权非常喜爱，极力想把诸葛亮留在江东，据为己用，就让张昭去做工作，结果被诸葛亮婉言谢绝。

孙权又让诸葛亮的兄长诸葛瑾去劝说，并承诺如果诸葛亮愿意留下，刘备那边，他可以去解释。

诸葛瑾自然也失败了，他回复孙权：“弟弟辅助刘备，义无二心，弟之不留，犹如我之不往一样。”

孙权只好作罢。

其实，当时的刘备是没有什么地盘和实力的，又刚刚吃完败仗，随时都可能被曹操除掉。而相比来说，孙权据有江东，已经有相当的实力，投靠孙权似乎更有前途。

曾经有人问诸葛亮原因，诸葛亮说：“孙权算得上一位人主，也会把我诸葛亮当作一位贤士看待，却不会尽用我诸葛亮的才能，所以我不愿留下。”

诸葛亮的这个分析反映出刘备用人的最大特点：充分信任，能尽其才。所以无论是诸葛亮、庞统等文臣，还是关羽、张飞、赵云等武将，都是义无二心地辅佐刘备。

刘备对人才的重用，是他奉行的实用主义哲学的一种体现。刘备志向远大，而他又自知自己能力有限，所以必须充分信赖人才，令他们人尽其才，才有可能帮助自己实现远大的政治抱负。

当年十一月，曹操挥师沿江而下，将战争的矛头指向刘备、孙权。驻守在樊口的刘备忧心如焚，每天都派人到长江上看周瑜率领的大军何时能到。

盼星星，盼月亮，刘备终于盼来了周瑜和江东精锐，此时却发生了一点礼节上的小麻烦。

按照级别来说，刘备是皇叔，是朝廷册封的左将军，而孙权只是一个讨虏将军，周瑜只是中郎将，都要比刘备低很多；从年龄上来说，刘备今年四十七岁，而孙权才二十六岁，周瑜三十三岁，算是比刘备低一辈；从地位上来说，刘备是孙刘联军中一方的“主”，而周瑜只能算是孙权的下属。

所以，周瑜抵达樊口一带时，按礼应该主动去拜会刘备。然而，骄傲的周瑜对刚刚战败的刘备是看不起的，他不愿去拜望。

既然周瑜不来，刘备只好主动派特使到周瑜那儿慰问劳军。周瑜让特使带话给刘备，我现在军务繁忙，抽不开身去拜见你，希望你能够屈尊来见我。

周瑜的傲慢令关羽、张飞等人非常不满。刘备大度地说：“我现在与江东结盟，如不主动前往，就体现不出我结盟的诚意。”

于是，刘备仅乘坐一条小船，轻舟简从，主动去拜访周瑜。

这就是奉行实用主义的刘备，他不仅对自己的文臣武将信赖有加，对自己的盟友也能抛开世俗礼法，抛开戒惧之心，充满信赖地与之交往。

见面之后，刘备最为关心地还是如何破曹的事，他问：“周将军此次前来，带了多少兵马？”

周瑜回答：“三万人。”

刘备有些失望地说：“太少了啊！”

周瑜不以为然地回答：“这已经足够了，刘将军请看我周瑜是如何破贼的！”

在骄傲的周瑜面前，刘备有些尴尬。江东他认识的人并不多，就向周瑜提出希望一起见一下鲁肃，一块儿聊聊。

周瑜回答："既然接受了委任，就不能私自离开。你如果想见鲁肃，可以专程前去拜访。"

这次与周瑜的见面，给刘备的感受并不好，年轻的周瑜太傲慢了。但刘备是个实用主义者，他从周瑜的傲慢中，也看出了周瑜的自信，眼前的局势，打败曹操才是第一位的，其他的繁文缛节都不足挂齿。

所以，这次会面的结果，刘备是"愧且喜"。

根据这次会谈的结果，刘备、刘琦掌握的军队，以及关羽手中的水军，全部划归周瑜统一指挥。

这样一来，周瑜手中就有了五万大军，但这与曹操手里的二十多万大军相比，依然有很大差距。

第七节　赤壁之战原来是这样的

在《三国演义》的赤壁之战中，上演过草船借箭、借东风、蒋干中计、庞统献连环计、黄盖诈降等多个脍炙人口的故事。但在真实的历史中，有的确曾发生过，而大部分则为小说所虚构。

赤壁之战的真实历史是这样的。

208 年冬天，曹军从西往东，孙刘联军从东往西，两方人马在赤壁相遇。

情况的发展就如同诸葛亮、周瑜之前分析的那样，曹操的军队很疲惫，水土不服，发生了疾病。

加之，曹操的军队习惯陆地野战，不习惯水上作战，江上风浪巨大，战舰颠簸厉害，大批士兵出现晕船呕吐现象，导致曹军战斗力大打折扣。

曹操看到这个情况，就下令把战船连接起来，以减轻战船的摇晃。这样一来，战士就如同在陆地上一样，精神好多了。

《三国演义》中说曹军的这个把战船连接起来的“连环计”是庞统提供的，但史料并没有记载，所以应该是小说虚构的。

看到曹军锁连战船，东吴大将黄盖发现了战机，他急忙建议周瑜：“现在敌人数量多，而我军数量少，僵持下去对我军不利。曹军现在把战船连接起来，我们用火攻可以打败他们。”

周瑜何等机敏，他发现黄盖的计策非常好，就命令立即执行。为了迷惑曹操，周瑜和黄盖一起商议，由黄盖写信给曹操诈降。

《三国演义》中说黄盖为了取信于曹操安插的奸细，还与周瑜一起上演了一出“苦肉计”，史料也无此记载。

而黄盖写给曹操的诈降信确实是有的。黄盖在信中说，我黄盖蒙受孙氏厚恩，长期担任将领。但天下的事情，要看大势，现在江东六郡无法抵挡曹公百万大军，海内的人都看得明白。只有周瑜、鲁肃浅薄，不明大势。我主动归降曹公，是出于实际考虑的。周瑜率领的几万军队很容易被打败，开战之时，我黄盖愿意率领所部为曹公效力。

生性多疑的曹操，自然没那么容易相信黄盖，他进行了认真的

▲曹操割发代首

思索。

从信的内容来分析，黄盖投降的理由是合理的，面对百万大军，黄盖提早为自己打算，也是人之常情。曹操又找来送降书的人，仔细询问，也没有发现破绽。

就这样，曹操相信了。他对送降书的人说：“黄盖所说的如果真是事实，并照着去办，我一定会赏给他爵禄，而且超过前后来投降的所有人。”

本来曹操用二十多万对孙刘联军的五万，他是没有必要那么看重黄盖的投降的。现在竟如此看重，一个重要的原因是曹军的疲惫、疾病、水土不服已经让经常打胜仗的曹操，有点丧失信心了。甚至据说，连曹操自己也生病了。

看到曹操中计，黄盖等人开始及早准备，他们准备了大船十艘，船上装满干柴，干柴上灌油，再用帷幕包裹起来。船后系上小船，以备逃走。

不久之后的一天夜里，赤壁刮起了东南风，黄盖率领这十艘大船，开始行动了。船队到了江心，十艘大船插上约定的旌旗，升起船帆，借助东南风，呼啸着向江北曹军水寨驶去。而黄盖则用手举起火把，命令手下将士高喊：“我们是来投降的！”

曹军毫无防备，还站在水边议论纷纷。大船距离曹军水寨越来越近了，黄盖命将士们退到大船后面所系的小船上，将火把抛向大船，然后砍断与大船连接的绳索，驾驶小船离开。

顿时，十艘大船燃烧着熊熊大火，在东南风的助力下，呼啸着直接向曹操的水寨撞去。很快将曹军连在一起的船也引燃了。

等曹军发现上当，已经来不及了，火光冲天而起，曹军水寨变成了一片火海。

就在这时，黄盖率领先头部队展开了猛攻，周瑜、刘备也率领水军杀了过来。

虽然曹军被大火烧了个措手不及，但毕竟有数量优势，遭到孙刘联军的进攻时，他们还是进行了一些抵抗。冲在前面的黄盖中箭落水，后来被救起，险些丧命于波涛滚滚的长江之中。

但这场战争的结果是注定的，火光一起后，曹军就开始了逃跑之路。在弥漫的烟火之中，曹操率领手下的残兵败将，一路向江陵逃去。

就这样，一场险些把刘备、孙权击垮的危机被化解了。

曹操败走之后，对孙权忠心耿耿的鲁肃，连忙带着胜利的喜讯奔赴孙权驻守的柴桑。孙权知道鲁肃从前线回来时，兴奋地率领文武百官出城迎接。

在当天的欢迎宴会上，孙权对鲁肃说："我持鞍下马迎接你，足以使你显荣了吧？"

不料鲁肃却回答："没有。"

看到大家一脸惊愕，孙权问："那么怎么才能让你感到显荣呢？"

鲁肃拱手慢慢地说："愿将军威德加于四海，总括九州，克成帝业，使我的名字书于简书之上，方能使我显荣。"

听了鲁肃的话，孙权附掌大笑，他相信经过赤壁之战之后，自己一定能够完成鲁肃提出的这番伟业。

第四章

荆州成为香饽饽

第一节　刘馥，一个厉害的对手

赤壁之战之后，曹操退回北方，留曹仁驻守江陵。周瑜在刘备的配合下，再次追到江陵，这既是为了追击曹操主力，更是为了抢占曹操在荆州的地盘。

为了配合西线周瑜夺取江陵，也或者是坐镇后方的孙权，在赤壁大胜之后也想到战场上表现一下，公元 208 年十二月，孙权亲率十万大军进攻曹军占据的合肥。

每个人有每个人所擅长的。就如当年孙策的评语，孙策善于带兵打仗，孙权善于用人治国，合肥之战再一次验证了孙策当年的评语。

为了虚张声势，给曹操以江东全面反攻的假象，孙权在进攻合肥的同时，还派出张昭进攻九江郡的当涂县。

这显然又是一步昏招，因为张昭只是一个文臣。如果张昭是一个年轻人，或许还可以培养，可以利用江东在赤壁之战大胜后的余威，侥幸获胜。但此时的张昭已经五十二岁了，让一个此前没有任何作战经验的老人带兵攻城，结果可想而知。

孙权此次进攻合肥的战略意图，并不是要攻下合肥，只是为了配合周瑜在西线的战争。然而，到了战场之后，孙权有些膨胀了，因为此次自己率领的是十万大军，此前周瑜凭借三万大军就在赤壁大败曹军，何况自己这次是十万！

此外，合肥城内的曹军士兵很少，而且曹军刚刚吃了大败仗，士气低落，孙权率大军压境，攻下合肥应该不成问题。

没有想到，竟然还真成了问题，这和一个叫刘馥的人有关。

在孙权继位那年，孙权所属的庐江太守李术杀了曹操所属的扬州刺史严象。曹操无法抽身南顾，就派了刘馥来担任扬州刺史。

善于用人的曹操，在这个特殊时期起用刘馥，自然是有目的的。

刘馥受命后，决定把扬州刺史的治所从历阳搬迁到合肥。当时的合肥还是一片废墟，刘馥到来后，一方面安抚了扬州的武装势力，使他们安心归顺朝廷，另一方面在扬州当地大行恩惠与教化，百姓非常满意他的治理措施，有数万名以前因避乱而到附近州郡流浪的江淮人士又都回到原居地。

除此之外，他还干了一件事，就是加固合肥城。几年之间，合肥的城墙变高了，变坚固了。刘馥还在城内储备了大量的木头、石料，组织大家编制了上万个草苫，覆盖到城墙上。当时大家还都不太理解，刘刺史为何要准备这些东西。后来他们才发现，刘刺史原来如此英明。

不过，等孙权进攻合肥时，这个杰出的刺史刘馥已经病逝了。

刘馥虽然不在了，但他修建的城墙却成了孙权攻城的障碍，从 208 年冬天到 209 年春天，孙权动用了十万大军竟然无法攻克合肥。

此时，和张昭并列为“江东二张”的张纮建议：“古人围城，会开其一面，以疑众心。今围之甚密，攻之又急，诚惧同心勠力。死战之寇，很难短时间攻克，现在趁敌人的援兵还未到，可开一面，以观其变。”

张纮的建议不失为一个好的建议，因为全面围攻，曹军就只有降和守这两条路可以走。因为受到刘馥清明政治的影响，所以他们不愿意降，那就只好死守了。

如果围城留出一面，那些意志不坚定的人，可能就会想着从这一面逃出去，免得守城时战死，或者城破时被杀。在古代，因为攻城时间太久，城破之后，进攻方屠城的现象非常普遍。

一旦有一个人逃跑，就会像传染病一样蔓延开来，陆陆续续有很多人逃跑，最后守军势力单薄，破城就很容易了。

张纮的计策提出后，下面议论纷纷。然而，孙权没有采纳。这也表明孙权尽管是一代英主，但并不是一位杰出的军事家。

攻城继续进行，而且持续了很长时间，孙权变得非常焦躁，想要亲自带兵发动冲锋。张纮极力反对：“兵器是不祥的器械，战争是危险的事情。如果你倚仗盛状的气势而忽视强暴的敌人，则会令三军将士寒心。虽然你可以在战场上攻城略地，威震敌军，但这是偏将的任务，不是主帅应该做的。希望你能克制一下孟贲、夏育之勇，胸怀建立霸王之业的谋略。”

听了张纮的建议，孙权才放弃了亲自冲锋。也许连他自己也认识到，即使自己亲自冲锋，也没有多少胜算。万一有一支冷箭射过来，自己可能又要步父亲、大哥的后尘了。

转眼到了209年，合肥仍然没有被攻克。冬去春来，绵绵细雨不断从天上飘落下来，孙权连日苦闷的心情有所好转，因为他知道合肥的城墙是用土建的。泥土被连日的雨水浸泡，随时都会坍塌。

然而，孙权再次失望了！

军情人员提供的情报说，由于当时刘馥组织人编制了很多草苫覆盖在城墙上，现在虽然遭遇雨水浸泡，城墙并没有坍塌。

孙权企图夜间攻城，没想到刘馥也早有准备。他当年曾经命人准备了很多鱼膏，孙权夜间攻城时，守军就点燃鱼膏，看清楚孙权军的情况，有针对性地进行防守。

孙权只能干瞪眼生气。

孙权十万大军围攻合肥，坐镇后方的曹操自然不会见死不救。但此时的曹操在西线应对周瑜、刘备，抽不出太多兵力，他只能派大将张喜率一千骑兵驰援。

就是这可怜的一千援兵也迟迟未能抵达。

未抵达也许是件好事。因为这一千人即使来了，也不见得有多大用，但不来反而可以利用——扬州别驾蒋济就好好利用了这件事。

他谎称张喜率领四万援兵已经抵达庐江，让驻守合肥的扬州刺史派出主簿前去迎接。他还派出三个信使，给合肥城内的守军送信，告诉他们张喜的援军到了。信使中有一个成功进了城，另外两个“成功”被江东兵截获。

孙权得知张喜的四万大军即将抵达，为了避免内外夹击，只好烧毁营寨，主动撤离。

此次合肥之战，可以说是孙权一生的耻辱，而带给他这个耻辱的则是那个已经死去的刘馥！

一个已经死去的人，能够用生前的一些行为，来改变死后的一些事，刘馥这个在三国中名气并不太大的人，也算是很厉害了。

所以，孙权撤兵之后，扬州士民更加追念刘馥，他们认为春秋时尽力防守、自己精心建造晋阳城的董安于的功绩也无法与刘馥相比。而刘馥所建的土坝和池塘，后世都一直沿用。

第二节　吕蒙开始崭露头角

赤壁之战后，孙权进攻合肥只是辅助，而周瑜、刘备发动的西线之战才是主战场，而且这里也要比合肥之战热闹得多。

赤壁的一场大火的确让曹军付出了惨重的代价，曹操率领残兵败将，经历了近一个月的时间，才穿过泥泞的道路，抵达荆州的水军基地江陵。

曹操并没有在江陵停留太久，因为刚刚战败又被疾病折磨的部队，需要回到北方修整，而已经五十三岁的曹操，经历过有生以来最大的一次惨败之后，也感到身心俱疲。于是，回到江陵稍作修整之后，他就率领主力踏上了归程。

曹操走了，但江陵不能拱手让与孙刘联军。他留下了曹仁，封他为征南将军，在徐晃、乐进的配合下，驻守江陵。

听到"曹仁"这个名字，也许很多人会以为，他只是凭借姓曹，是曹操从弟这个身份，才被重用的。实际上，曹仁也是一名不可多得的将才。早在曹操于青州起兵时，曹仁就跟随着曹操，此后在征吕布、张绣、袁绍时都有不俗的战绩，这一次镇守江陵，再一次表现出了他杰出的军事才能。

曹操前脚刚走，周瑜率领程普、吕蒙、甘宁等人就杀了过来。隔江的营寨刚扎好，还未开战，甘宁就提出先攻下夷陵，以切断曹仁的侧后。

从地图上可以看出，夷陵在江陵上游，占领夷陵之后，就可以上下游一起夹击曹仁。

除了夹击曹仁，攻占夷陵之后，也就切断了刘璋对曹仁的支持。当时益州刘璋虽然处于半独立状态，但对于挟天子以令诸侯的曹操还是要支持的，而此时的夷陵就是由刘璋部将袭肃驻守。攻下夷陵，自然也就切断了刘璋与曹仁的联系。

周瑜发现甘宁这个计策非常好，就命甘宁立即执行。

按照《孙子兵法》的观点，“十则围之，五则攻之”，周瑜给甘宁的兵力是多少呢？答案是七百人。而守将袭肃的兵力是三百。用七百人的兵力进攻三百人防守的城池，在冷兵器时代，这个任务并不太容易完成，所以这次攻城显然不会太快完成。

幸运的是，虽然刘璋支持曹操，但刘璋的部将袭肃却不喜欢曹操，而且感到东吴实力强大，所以看到甘宁来攻城，他果断率领自己的三百人不战而降。

夷陵之战就这样结束了。

袭肃这个降将该怎么安置呢？自古以来，在战场上迫于各种目的投降后又反复，甚至最初就是直接诈降的将军很多，不可不防。所以周瑜向孙权建议，把袭肃的军队划归横野中郎将吕蒙统领。

然而吕蒙却拒绝了。本来袭肃就三百兵力，拒绝与不拒绝都不是什么大事，唯一值得一提的是吕蒙拒绝的理由很有说服力，他称赞袭肃："是一位有胆有识的能士，对东吴心怀仰慕，远道而来，理应增加他的军队，而不是夺取他的领兵之权。"

吕蒙的这个建议，确有风险，因为谁也不敢保证袭肃不会再次变卦。但这个风险是可控的，因为毕竟袭肃只有三百人，最主要的是通过这件事可以让天下人看到东吴对降将的信任，及宽大的胸怀，这样一来政治意义就大了。

孙权虽然不是杰出的军事人才，却是一个杰出的政治家，他立即判断出吕蒙此计甚好，于是就让袭肃继续统领旧部。

少年时的吕蒙没有怎么读过书，刚入姐夫邓当的军营时，因为被人当面嘲笑，吕蒙举刀就把对方杀了，逃亡了一段时间，有人说情才得以再次回到军中。所以在很多人眼里，吕蒙只是一介武夫，此次献计，让孙权认识到吕蒙具有极高见识的一面。

得知夷陵失守后，曹仁派出六千兵力来夺取夷陵。当时甘宁手里只有几百兵力，加上袭肃的三百降军，刚刚一千人。

用一千对付六千，压力可想而知。曹军紧紧地把夷陵围了起来，架设高楼，从上面将箭射入城中。一时间，夷陵城内箭如雨下，城中军民都非常惊恐，只有甘宁谈笑自若，他一边部署兵力进行防守，一边向周瑜求救。

在围绕救与不救夷陵的问题上，东吴阵营内起了争议。不同意救的原因也很简单：周瑜的兵力少，攻打江陵尚且不够，一旦分兵，会对自己非常不利。

这时吕蒙站了出来，他对不主张分兵救援的老将们说：“我军可以留下凌统守护大营，我随都督前往夷陵救援。解围夷陵不会太久，保证凌统能够坚守十日。”

同时，吕蒙还建议周瑜，在解救夷陵时分出三百兵力累积柴木，将曹军从夷陵撤回江陵的道路阻断。曹军逃回江陵时，骑兵无法通过，只好抛弃战马，东吴正好可以捡回一些曹军的战马。

周瑜采纳了吕蒙的计策。

大军抵达夷陵后，时间紧迫，东吴立即发动攻势，城内的甘宁闻声而动，立即率兵从城内杀出，里应外合一下子击垮了曹军，曹军死伤过半，丢盔弃甲向江陵逃去。

走到半路，正值半夜，曹军遇到按照吕蒙的计策在半路上设置的障碍，骑兵无法通过，周瑜又从后面率军杀来。曹军无心恋战，只好丢下战马，仓皇逃走。

东吴捡了三百多匹战马，用船载着返回大营，军威大振。

在余下的战事中，夷陵一直牢牢地由东吴军队掌控。

斯一战，年仅二十九岁的吕蒙开始崭露头角，并引起了孙权的关注，这为他后来的崛起奠定了基础。

第三节　曹仁替曹操报了仇

上文说过曹仁很厉害，但在夷陵之战中，并没有表现出来。不过在接下来的江陵之战中，曹仁终于有了施展拳脚的机会。

其实早在夷陵之战时，江陵之战已经拉开了序幕。

根据吕蒙的计策，周瑜率领东吴主力奔赴了夷陵，凌统被留在了江陵大本营。按照吕蒙的军事布局，凌统必须要守住十天，为主力部队救援夷陵赢得时间。

这不是一个轻松的任务，因为留在大本营的兵力太少，周瑜、吕蒙、甘宁这些东吴最杰出的将领都去了夷陵。

更重要的是此时的凌统只有十九岁！

为何会留下一个只有十九岁的孩子来防守大本营？即便周瑜、吕蒙、甘宁率兵赴远救援外，还有程普、黄盖等一大批名将啊！

难道吕蒙和凌统有仇？当然不是。

别看凌统年龄不大，他早已是一名悍将。凌统是江东名将凌操之子，征黄祖时，凌操被甘宁射死。十五岁的凌统被孙权任命为别部司马，代领父亲生前的兵士。

凌统的刚烈非常著名，《三国演义》中就曾说过，甘宁投降孙权后，凌统多次要找甘宁为父报仇，幸赖孙权阻拦才没有成功。后来孙权实在没有办法，只好让甘宁屯兵于外，暂时避免两人相见。

还有一次凌统和督官陈勤一起进攻麻屯，陈勤是个粗人，一次酒宴上凌统顶撞了陈勤，陈勤借着酒劲骂起了凌统和他父亲凌操。凌统含泪不再说话，大家退席，陈勤在回去的路上依然骂骂咧咧，凌统就拔刀砍死了陈勤。

等到进攻麻屯的日子，凌统对士兵说："我不死没法谢罪。"他激励士兵，并身先士卒，迎战刀箭，发动进攻，终于大败敌人。

战争结束后，凌统自投军法处，请求处罚自己。孙权念他作战勇敢，特赦了他。

对于这位年轻的将领，《三国志》的作者陈寿称赞其为"江表之虎臣"。

正是因为凌统勇敢刚烈，吕蒙才选中了他驻守大本营。事实再一次证明了吕蒙的眼光毒辣！

曹仁没有料到周瑜会近乎放弃大本营，而去救援夷陵。凌统正是利用了曹仁的这一点，故意制造周瑜仍在大本营的假象。于是，曹仁只是派出大将徐晃对江东大本营发动进攻，而没有全力发动袭击。

等到曹仁发现周瑜的主力去了夷陵，已经晚了，夷陵大败，曹军损失了三千多精锐，令曹军士气大受影响。最重要的是曹仁失去了一次端掉周瑜大本营的机会。

机不可失，时不再来！

周瑜回来了，真正的江陵之战开始了。

战争首先由进攻方周瑜发动。周瑜并没有立即发动大军攻城，而是派出几千人进行了一次试探性攻城。

刚刚经历过赤壁之战、夷陵之战后，曹军已经有点像惊弓之鸟了，面对江对岸的敌军，失败的阴影笼罩在整个曹军心头，能否守住江陵，大家心里都有疑问。为了鼓舞士气，曹仁征集了一支三百人的敢死队，由部将牛金率领，主动迎接江东前锋部队。

用三百迎战几千，曹仁真够胆大的，当然胆大的人常常会有麻烦，曹仁也不例外。

牛金确实是一员猛将，但终因寡不敌众，陷入江东前锋的重围。曹仁和长史陈矫都在城上观看，看到牛金被围，陈矫等人都失色惊惧，只有曹仁并不在意，他让人牵自己的战马来。

看到曹仁要出城救牛金，大家一起拉着他说："敌人人数多，兵强马壮，势不可当。不如放弃这几百人，将军何必一身赴险？"

真实的战争如同下棋，明知某棋子不可救，或救的代价太大，就会选择主动放弃，围棋术语上称这种棋子为"弃子"。显然，这时候的牛金等人就是弃子，为了救他而赔上更多人的命显然是不值得的。

但曹仁不这么想，因为他足够勇敢。在众人的劝阻下，他毫不理会，率领麾下几十名壮士就冲出了城。

当时江东军队与城墙有一百多步的距离，在城墙上观战的陈矫等人以为曹仁会在城墙沟的附近为牛金助威，没有想到曹仁等人直接过了城墙沟，大喊着冲进了敌人的包围圈。

疯了！曹仁疯了！

在几千人的包围圈中，你这几十个人冲进去有啥用？不过是又白搭几十条性命罢了。

然而陈矫等人却想错了，曹仁杀进江东军队中，一顿猛杀猛砍，竟然奇迹般的把牛金等人救了出来。不仅如此，杀出包围圈的曹仁回头一看，还有几个曹军困在包围圈中，于是他又杀了进去，把剩下的几名曹军也成功地救了出来。

江东军队被曹仁的勇猛所震慑，暂时退兵。

曹仁返回城中后，陈矫惊讶不已，对曹仁惊叹道："将军真乃天人也！"

经过试探性进攻之后，江东大军与曹仁展开大战，周瑜本人也亲自"跨马掠阵"。几个月前的赤壁之战中，周瑜连狡猾的曹操都击败了，此时对付曹操的从弟曹仁自然不在话下。

然而一切都有例外，就在周瑜指挥作战时，一支冷箭射中了周瑜的右肋，伤势很重，诸将保护着他撤回大营。

曹仁得知周瑜受伤，主动出城挑战。为了鼓舞士气，周瑜忍住伤痛，披挂铠甲，巡查军营，准备迎战。曹仁看到周瑜没事，只好退兵回城。

周瑜虽然可以凭借强大的意志力来迷惑曹仁，但在当时的医疗条件下，他的伤很难痊愈，这也为他几年后的病逝埋下了隐患。

想起几个月前，赤壁之战中曹操的狼狈逃跑和数万曹军丧身火海，曹仁这次也算是给曹操和数万曹军报仇了。

第四节 三足鼎立初步形成

周瑜受了重伤，曹仁在顽强坚持，双方在江陵不断交兵，“杀伤甚重”。

其实，在江陵之战时，赤壁之战所形成的孙刘联军依然继续存在，刘备也和周瑜在一起。看到周瑜久攻不下，他就献策：“曹仁据守江陵，城内粮食众多，如果旷日持久，反而对我方不利。现在我命张飞率数千人跟随都督，都督则分出两千人（水军）跟随我，我可以绕到曹仁的后方。曹仁知道后，感到压力，定会逃走。”

周瑜的一大优点就是善于采纳好的计策。他同意了刘备的计策，分兵两千给刘备。刘备令关羽率领这两千人深入曹军防线二百里，攻击江陵北方的汉津等地。

209 年十二月，又是一个冬天，感觉孤军难支的曹仁向曹操请示撤军，在得到曹操允许的情况下，曹仁放弃了江陵，退守到襄阳、樊城固守。

周瑜进驻江陵后，孙权拜周瑜为偏将军，领南郡太守，囤据江陵。此外，孙权还任命程普为江夏太守，吕范为彭泽太守，吕蒙为寻阳令。

在《三国演义》中，赤壁之战后，周瑜费力攻下南郡，结果发现被诸葛亮提前派赵云占领了，气得周瑜一声大叫，金疮迸裂。这段诸葛亮“一气周瑜”的情节是虚构的，不过在周瑜围攻江陵时，刘备、诸葛亮等人确实没有闲着。

一方面，刘备看到在不久前的赤壁之战中，刘琦确实发挥了作用，而且作为刘表的大公子，刘琦能够安抚刘表旧部。当然，还有非常重要的一点，刘琦势单力薄，早在与刘琮争嫡的时候就归附了刘备。为了防止孙权染指荆州，刘备便上表朝廷封刘琦为荆州牧。

另一方面，当年刘琮投降曹操后，曹操曾经花了一番精力把荆州南部的武陵、长沙、桂阳、零陵四郡收复。现在曹操战败回了北方，位于荆州之南的这四郡就成了一块肥肉，任人宰割。

一直缺地盘的刘备，立即派关羽、赵云对这四个郡发动进攻。

在攻打这四个郡的过程中，黄忠、魏延这些名将投靠了刘备。投降刘备后，黄忠成了“五虎将”之一，而魏延也在蜀国后期的战争中挑起了大梁。

由于太守过于平庸，而诸葛亮、关羽、赵云又太过厉害，所以很快这四个郡都成了刘备的地盘。

终于有了属于自己的地盘了，刘备异常兴奋。但唯一有些遗憾的是，自己手中的兵力一直太少，赤壁之战时，加上刘琦公子的，也才凑够两万人。就在这时，一个叫雷绪的人给刘备送来了军队。

雷绪这个人在历史上并不出名，只知道当年刘馥出任扬州刺史时，曾安抚过雷绪。209 年，雷绪叛变，曹操派夏侯渊讨伐，雷绪不敌，率领部将投降了刘备。

刘备手下猛将如云，并不在乎雷绪这样的地方军阀，但雷绪一次就贡献出了五万兵力，这是被刘备极为看重的。有了这五万兵力的加入，刘备的实力大增。

从208年七月曹操领兵南下，到刘琮归降、孙刘联军、赤壁之战，再到209年十二月，周瑜赶跑曹仁占据江陵，刘备夺取荆州四郡，历时一年半的时间。这短短一年半的时间，整个军阀割据的形势发生了巨大的变化。

首先说本书的主人公孙权，从战争的过程来看，孙权一方损失了一些兵力和辎重，连孙权最依赖的大将周瑜也身负重伤，不久之后英年早逝。但孙权的收获无疑也是巨大的，他摆脱了之前屈辱称臣的命运，获得了江夏、南郡，为江东赢得了和平。

更重要的是，通过这一战，孙权的魄力、决策能力都得到了锻炼，孙权的自信心得到提高，孙权的权威得以树立，这为他成为一代英主奠定了基础。

当然，这一年半收获最大的还是刘备，他避免了被吞并、被消灭的命运，获得了荆州南部四郡的地盘，获得了五万兵力，还获得了黄忠、魏延等一大批名将。

这一年半，是刘备一生的转折点，从此之后，到处辗转流亡的刘备，终于成为割据一方的实权派。

有人获得，就意味着有人失去。曹操这一次损失惨重，本来战胜袁绍、收服刘琮后，他很有希望一统天下的，不料一年半的时间内，他元气大伤，还丢掉了荆州的大部分领土。

至此，在整个中国大地上疯狂扩张兼并的步伐慢了下来，曹、孙、刘三足鼎立的局面逐渐形成。

当然这并不代表战争就此结束，因为三方的明争暗斗还在继续，益州的刘璋还待征服。

第五节　曹操想劝降周瑜

从合肥撤军回来之后，孙权没有回柴桑，也没有回之前的吴郡，而是到了京口。京口在今天的镇江附近，这里南依峻岭，北临大江，孙权来到这里，这里也就暂时变成了东吴的临时都城。

之前的吴郡位于今天的苏州，现在东吴已经横跨扬州、荆州，统领十多个郡，吴郡显然过于偏东。在交通不发达的三国时代，京口比吴郡更适合作为都城。

一场暴风雨过去了，曹操的主力部队暂时不会来，东吴迎来了暂时的平静。这个时候一个难题摆在了孙权面前：曹操大军压境时，刘备是值得依赖的盟友，曹操败回北方之后，该如何对待刘备呢?

此时，东吴集团出现了两派：

一派认为，虽然曹操战败了，但实力依然强大，依然是东吴最强大的敌人，只要曹操继续这样强大，东吴就要联合刘备抗曹。

另一派则认为，刘备不可不防，应该尽早限制，或者干脆除去。持有这种观点的比较有代表性的人物是周瑜，他在给孙权的信中说，刘备一代枭雄，野心勃勃，如果放任，恐怕会成为江东的后患。

此时的刘备怎么样了呢？

赤壁之战之后，他占有了荆州南部四郡，又增加了五万兵力，实力大增，孙权有所忌惮。孙权要求南郡太守把南郡长江以南的地盘交给刘备，于是刘备驻扎在油江口，并将其改名为公安。

就在这个时候，刘备的妻子甘夫人死了，孙权“稍畏之，进妹固好”，就是说孙权对刘备有所忌惮，将妹妹嫁给刘备，以巩固孙刘两家友好。

这一年刘备四十九岁，而孙夫人二十多岁。

单从年龄即可看出，这是一桩赤裸裸的政治婚姻，孙权的本来目的是邀好于刘备。不过，刘备好像并没有得到太多好处。

无论在充满传奇的《三国演义》里，还是在真实的史料里，孙夫人都是一个标准的“女汉子”，她“才捷刚猛，有诸兄之风”。

如果仅仅是“女汉子”还好，要命的是她还喜欢舞刀弄剑，随身的上百名侍女及卫队也都携带武器，以致刘备每次进她房间都有点胆战心惊。

刘备的担忧是有根据的，按诸葛亮的话来说就是“惧孙夫人生变于肘腋之下”。就是说，担心孙夫人会为了江东利益，谋杀刘备。为了应对孙夫人，刘备还特意将严谨忠心的赵云安排在自己身边，“任掌内事”。

刁蛮跋扈的孙夫人与刘备的婚姻是不幸的，后来刘备在荆州的公安城西的孱陵建了一座城，称作“孱陵城”或“孙夫人城”，让孙夫人与她的侍女及卫队住在一起。

公元 211 年，刘备入蜀，孙权派遣大船迎接妹妹回吴。当时，孙夫人还打算将刘禅一并带走，被赵云和张飞一起在江上拦截，孙夫人只好自己回了东吴。这桩政治婚姻就这样结束了。

就在孙权“进妹固好”于刘备时，北方的曹操也没有闲着，他想争取南郡太守周瑜归附自己。曹操把这个任务交给了周瑜的老熟人蒋干。

蒋干是安徽寿县人，与来自安徽庐江的周瑜算是同乡。而且蒋干一表人才，“以才辩见称，独步江、淮之间，莫与为对”。

但不管蒋干身份如何特殊，口才如何了得，也改变不了失败的结局。因为一是周瑜特别忠心，二是不久前的赤壁之战也断了周瑜的降曹之路，他一旦归降了曹操，不说曹操本人，就是丧命于赤壁的那些曹军亲人也容不下周瑜。

尽管知道完不成，蒋干还是要硬着头皮，布衣葛巾，以私人拜访的名义去见周瑜。

周瑜亲自出迎，他知道蒋干此行的来意，直接对蒋干说：“子翼，你太辛苦了，大老远的来到这里，莫非要给曹操做说客？”

蒋干回答：“我与你是同乡，离别很久，特意来这里与你叙叙旧，并向你学习一下治军良方，怎么能说我是个说客呢？”

周瑜说：“我虽然不像著名乐师师旷那样能够听弦赏音，但还是能够知道一些雅意的。”

接着周瑜邀请蒋干一同吃饭，三天后，又邀请蒋干参观军营，宴饮时还请侍者展示服饰珍玩，并向蒋干说：“大丈夫处世，遇知己之主，外托君臣之义，内结骨肉之恩，言行计从，祸福共之。在这种情况下，即使是苏秦、张仪那样的说客再生，也说不动我。这哪是足下能做到的呢？”

蒋干笑着，但始终没有说话。

回到曹营之后，蒋干向曹操称赞周瑜气度宽宏，情致高雅，不是言辞所能离间的，并劝说曹操放弃招降周瑜的念头。

第六节　孙权几百里为他迎丧

娶了孙夫人之后，孙权就成了刘备的大舅哥。驻守公安的刘备感到孙权分给自己的地盘太少，不足以容纳诸将，他决定到京口见一见自己的大舅哥孙权。

临行前，诸葛亮忧心忡忡，他劝说刘备不要前去，以免发生不测。但刘备执意要去。见到孙权后，刘备提出了自己的想法，这立即在东吴内部引起了争议。

周瑜的态度是最坚决的。得知刘备来了京口，他上疏孙权："刘备是个枭雄，又有关羽、张飞这样的猛将辅佐，不会久居人之下。我建议把刘备留在江东，给他修宫室，整天让他吃喝玩乐，使他与关羽、张飞天各一方，则大事可成。"

显然，周瑜担心给了刘备地盘，无法控制刘备，所以建议将刘备软禁在江东。

和周瑜持同种观点的还有彭泽太守吕范，这位东吴重臣也密请孙权，留下刘备。

而江东伟大的战略家鲁肃却不这样认为，他认为东吴最大的敌人是曹操，而不是刘备，联合刘备抗曹才最符合东吴利益。为了让自己的盟友强大起来，他赞同将南郡江北之地也借给刘备。

为何孙权、刘备都如此看重南郡，而且孙权还委任最信任的周瑜出任南郡太守？这是因为在荆州七郡中，南郡的位置最为重要。它的治所是江陵，横跨长江两岸，下辖十七县，北接曹操，西临益州刘璋。

是扣留下刘备，还是放回刘备甚至满足他对地盘的要求，孙权有些犹豫。

不久前的赤壁之战，孙权尝到了孙刘联军的甜头，所以他更希望能够继续与刘备联合起来，一同对抗曹操。

不过鉴于周瑜、吕范等人极力反对借南郡给刘备，所以孙权最后决定，放回刘备，但暂不借南郡给他。

刘备离开京口时，孙权带着张昭、鲁肃等江东大员乘大船相送。在大船上酒宴结束后，张昭、鲁肃等人出去，孙权、刘备二人又接着密谈。

在密谈中，刘备又故意说："公瑾此人文武兼备，是天下少有的俊才，我看他志向远大，恐怕不能久居人下。"

这就是刘备，临别之际仍然不忘给周瑜上一次眼药，让孙权对周瑜有所质疑。

从周瑜的一贯表现来看，他是一个忠心不贰的杰出将领，无论孙策还是孙权，都对周瑜信赖有加。所以，刘备的离间能够起多大作用，外人难以得知，但说了，总会比不说强，这也许就是刘备的哲学。

对于自己江东之行期间江东统治集团内部发生的争议，刘备感觉到了危险，但并不知道详细情形。后来曾经在孙权手下供职的庞统投降了刘备，把当时江东的情况一说，刘备才开始后怕起来。

刘备离开京口后不久，周瑜亲自从江陵来到京口，觐见孙权。他向孙权提出了一个大胆的军事战略：

1. 赤壁之战后，曹操暂时不能大军南下，暂时不再是东吴的军事重点。

2. 周瑜和孙瑜一起率军西进，攻占巴蜀之地。

3. 夺下巴蜀之后，再吞并张鲁，由孙瑜固守汉中，对外联盟马超。

4. 周瑜回师，与孙权一起进攻襄阳，然后据守襄阳，以此为突破口，北图曹操。

周瑜的这个计划显然要逊于诸葛亮的“隆中对”，也逊于鲁肃刚刚遇到孙权时的“吴中对”，因为周瑜的这个计划漏洞太多。

一是从京口、江陵一带出兵巴蜀，路途遥远，道路崎岖，后方补给难以保证。

二是东吴主力入川，境内兵力空虚，南边有刘备虎视眈眈，北面的曹操也不会任由东吴夺取巴蜀、汉中，任何一方发动攻击，东吴都可能会遭遇灭顶之灾。

三是即便周瑜的这几步都侥幸实现了，从江东，到江陵，到巴蜀，到汉中，这一条长长的防线很难防守，而且地形复杂，民众刚刚归附，人心不齐，很难凭借这条狭长的防线，北图曹操，南除刘备。

然而，尽管周瑜的这个计策并不完美，但攻下巴蜀的实惠还是很诱惑人的，所以孙权同意了周瑜的这个计划，并命他回南郡准备。

没有想到，周瑜在回江陵的途中，身患重病，死于巴丘，享年三十六岁。

《三国演义》中，为了衬托诸葛亮的“智”，特意设计了诸葛亮“三气”周瑜，周瑜死前感叹“既生瑜，何生亮”等情节。这些当然都是小说虚构的，真实的周瑜性度恢廓，雅量高致。

当年，老将程普凭借自己的老资格，倚老卖老，不把年轻的周瑜放在眼里，周瑜折节容下，不予计较，使得程普非常敬重。后来，程普对人说：“与公瑾相处，如同饮美酒一样，容易让人陶醉。”“饮醇自醉”这个成语就是出自这里。

突然听说周瑜病故，孙权痛哭流涕地说：“公瑾有辅佐帝王之资，如今突然短命而死，我将依赖何人！”

孙权亲自西上，在芜湖迎接到了周瑜的棺柩，并为之素服举哀，令左右十分感动。

第七节　鲁肃是“亲刘派”吗

周瑜的时代结束了，谁将接替周瑜统领东吴军队？论资历，当属程普、黄盖等老将；论才干，当属吕蒙、甘宁。

就在军中议论纷纷的时候，实际上孙权已经有了主意。因为周瑜临终前曾经写信给孙权，举荐鲁肃代替自己，并赞鲁肃智慧胆略足以胜任。

其实，即便周瑜不推荐，孙权也会选择鲁肃。自从结识鲁肃以来，在征黄祖、降曹、放刘备等诸多问题上，孙权都采纳了鲁肃的建议，而且事后都证明鲁肃是正确的。所以孙权相信，鲁肃一定能够成功代替周瑜。

重用鲁肃，就会出现一个问题。无论是当初最早建议孙权联合刘备，还是赤壁之战后不同意把刘备扣留在京口，都表明鲁肃是一个货真价实的“亲刘派”。

当然，鲁肃的这个“亲刘派”并不含贬义，并不是因为他拿到了刘备的好处而替刘备说话。鲁肃亲刘，只是因为他知道曹操强大，东吴只有亲刘，和刘备一起才能抗曹。

接替周瑜，被任命为奋武校尉后，鲁肃开始游说孙权借南郡给刘备：“将军虽然神武，但曹操实力过于强大。目前我们刚刚占领荆州，恩信未立，不如将南郡借给刘备，令他安抚民心，给曹操增加一个强大敌人，给我们增加一个亲密朋友，使刘备在荆州为我们抵挡住曹操，这才是上等计策。”

就这样，在鲁肃的劝说下，孙权终于同意将南郡长江北岸的地盘也交给刘备。

由此可以看出，所谓刘备“借”荆州，实际上并不是荆州全部，而只是南郡的一半。

刘备“借”来南郡后，将治所从公安迁到江陵，后来逐渐强大起来，确实对孙权构成了威胁。这能表明当初孙权“借”南郡是错的吗？

当然不能。当时孙权在东线受制于曹操，全面控制荆州不太现实，与其这片土地被曹操蚕食，不如交给刘备，这样既可以巩固孙刘两家的关系，也可以给曹操培养一位强劲对手。

据说远在北方的曹操听说孙权把半个南郡让给了刘备，非常吃惊，以至于连他正在用来写字的笔都掉在了地上。

然而，不管当时的情形如何，随着局势的发展，孙权开始后悔了，尤其是孙刘两家都想争夺益州时。

无论是诸葛亮的“隆中对”，还是鲁肃的“吴中对”，以及不久前周瑜提出的军事计划，都包含了要吞并益州。

益州是汉武帝设置的十三州之一，主要范围在四川、重庆一带，这里有天府之国之称，富庶物丰，而益州牧刘璋懦弱，让这里成了各路军阀眼中的肥肉。

刘备得到南郡后，就开始加强汉水流域的设防，随时准备沿江西上，夺取益州。

而孙权更急，根据之前周瑜提出的“得蜀而并张鲁”的计划，211年，孙权准备夺取益州。

这时他突然发现，当初让南郡给刘备是个错误，因为刘备驻守南郡，也就将江陵一带的水陆要塞都掌握在了自己手里，孙权要进攻益州，必须征得刘备的同意。更要命的是，即便刘备同意借道给孙权，等孙权过去后再反悔，就等于断了孙权军队的后路，那时就更危险了。

无奈之下，孙权给刘备写信说，张鲁居巴、汉，是曹操的耳目，现在刘璋懦弱，难以守住益州，一旦益州被曹操所取，那么荆州就危险了。现在应该进攻刘璋，吞并张鲁，到那时即便有十个曹操也不足为虑了。

本来刘备打算独自吞并益州，现在读了信发现，孙权有联合图川的意思，而且是让他打头阵，孙权随后跟进。于是，围绕是否允许孙权越过荆州讨伐益州，刘备集团内部展开了争议。

有人认为，蜀地早晚是咱们的，可以允许孙权行动，即让孙权、刘璋鹬蚌相争，刘备落个渔人得利。

而主簿殷观则说："如果我们成为讨伐益州的先驱，一旦未能攻克益州，退回来则可能遭到孙权攻击，这是很危险的。现在可以对孙权说，赞同他讨伐蜀地的决定，但告诉他我们刚刚占领诸郡，不可以轻举妄动。我们不动，孙权一定不敢独自攻蜀。"

刘备对殷观的这个建议非常赞同，他回信孙权，大意是说，益州地势险阻，刘璋虽弱，也能守住。张鲁也未必忠于曹操。咱们两家若辗转万里，去讨伐益州，即使是吴起、孙武也难以完成此大任。曹操现在已经三分天下有其二，他自然不会坐视我们攻取益州。现在我们孙刘联盟讨伐益州，会给曹操可乘之机，这不是一个长久之计。

刘备的意思很明确：条件不成熟，不宜这时候讨伐益州。

孙权志在必得，不听劝阻，立即派孙瑜屯兵夏口。

刘备不愿孙权入川，强硬地对孙权说："如果你一定要取蜀地，我就披发入山，不让自己失信于天下。"

同时，刘备还派关羽屯江陵，张飞屯秭归，诸葛亮据南郡，刘备自己屯孱陵，加强沿江设防，阻止孙权军队西进。

孙权看到这个阵仗，只好忍气吞声地把孙瑜撤回。

对于听鲁肃的当初答应让南郡，孙权后悔不已。他说，当初周瑜把鲁肃推荐给我，鲁肃向我进献了建立帝王之业的谋略，这是他的一个长处；曹操数十万大军来犯，张昭等人都赞同降曹，只有鲁肃反对，并建议召回周瑜抵抗，这是他的第二个长处；后来鲁肃劝我借地盘给刘备，这是他的一个短处。一个短处不足以损他的两个长处。

显然，孙权对鲁肃的此次"亲刘"行为是不满的，尽管鲁肃的"亲刘"也是出于国家战略考虑的。

第八节　孙权与刘备的较量

刘备刚刚对孙权说过此时进攻益州的条件不太成熟，没想到条件突然成熟了。

原来曹操进攻汉中张鲁，威胁到了益州，益州牧刘璋惶恐不安，他的手下中早已暗地投靠刘备的张松、法正，趁机建议刘璋邀请刘备来攻打汉中。

之前刘备不敢轻易出兵益州，是因为他和刘璋同属汉室宗亲，怕被别人说闲话。现在刘璋主动邀请，刘备留诸葛亮、关羽、张飞守荆州，自己率领数万精兵，以庞统为军师，挥师入川。

孙权知道后大怒，派人到南郡接回了自己的妹妹。妹妹与刘备的姻缘持续了两年，就再也没有见过刘备，后来史料也没有再记载她的事迹。孙夫人就这样成了孙刘两家政治斗争的牺牲品。

刘备初入益州时，刘璋对他非常客气，并让汉中附近的杨怀、高沛归刘备指挥，让他们一起讨伐汉中张鲁。

然而，刘备并没有进攻汉中，而是留在益州北部厚树恩德，招揽人心。转眼到了 212 年，庞统认为迟迟不行动，在益州无法持续太久。他建议刘备尽早吞并刘璋，并提出了上中下三条计策：

上策：挑选精兵，昼夜兼程，直袭成都。因为刘璋没有武勇，而且事发突然，准备不足，可以一举平定。

中策：杨怀、高沛是益州名将，他们早就建议刘璋让刘备回荆州。刘备可以谎称荆州有事，需要回去，并让士兵整理行装，做出要回师的假象。杨怀、高沛佩服刘备的才能，又庆幸刘备主动回荆州，必然轻舟简从来见，刘备可趁机扣留他们，夺取他们的军队，再向成都进军。

下策：撤回白帝城，与荆州连为一体，慢慢再图益州。

刘备认为上策太急，下策太慢，于是选择了中策。

就在这时，曹操在东方进攻孙权，孙权希望得到刘备的救助。刘备并没有打算救援，却写信给刘璋说，自己与孙权唇亡齿寒，张鲁不过是疥癣之疾，我现在必须回去救援孙权。

杨怀、高沛果然来见刘备，被刘备所杀，所属军队被刘备占有。刘璋派兵讨伐刘备，却接连吃败仗，不断后退。

在东方战线上，曹操号称的四十万大军进攻孙权，孙权咬牙防守。这给刘备吞并益州提供了机会。

饶是如此，刘备吞并益州也没有想象的那么顺利，连军师庞统也战死益州。刘备赶紧命关羽守荆州，而命诸葛亮率领张飞、赵云入川支援。

刘备、诸葛亮会师于成都，猛将马超也前来支援。本就懦弱的刘璋眼看大势已去，被迫开城投降。

刘备就这样吞并了益州。感到被愚弄的孙权非常愤怒，他大骂刘备："猾虏乃敢挟诈！"但得到益州之后的刘备，早已不是当年被曹操追得无处安身的刘备了，孙权对他有些无可奈何。

不过，当初刘备来“借”荆州，理由是地方太小，无处立足。现在刘备获得益州，地盘大了，当初“借”的理由自然不再成立，孙权自然要向刘备讨要荆州。

刘备、诸葛亮知道，当初孙权同意“借”，并不是同情刘备没有立足之地，只是想利用刘备来对付曹操，所以“借”是孙刘双方相互利用、相互妥协的产物。所以，即便刘备现在有了益州，他们也不愿归还荆州。

215 年，就是刘备获得益州的第二年，孙权派诸葛瑾来见刘备，要求归还荆州诸郡。当初刘备借的实际上只是南郡的一半，现在孙权张口就要归还荆州诸郡，刘备自然不会答应。但他又不好直接拒绝，只好说：“我正打算进攻凉州，凉州平定之后，我会把荆州都还给你。”

荆州和凉州没有半毛钱关系，孙权对刘备拖延时间的做法非常气愤，就直接派出长官到长沙、桂阳、零陵三郡赴任。关羽毫不客气地把孙权委任的长官全赶走了。

孙权大怒，派吕蒙率领两万精兵，袭夺长沙、桂阳、零陵三郡。于是，从 208 年建立的孙刘联盟，终于要刀兵相见了。

▲ 刘备跃马过檀溪

第九节　鲁肃充当和平使者

因为刘备主力入川，吕蒙的进攻非常顺利，长沙太守廖立败走，去找刘备；桂阳太守赵云本来就在四川，剩下的人无力抵抗，自然也降了吕蒙；只有零陵太守郝普守城不降。

刘备一听自己的地盘被孙权抢了，赶紧率领五万精兵杀了回来，并派关羽进驻长沙郡所属的益阳，准备与吕蒙争夺三郡。

孙权也不能坐视，他亲自进驻陆口（今湖北境内赤壁市）。为了统领诸军，他又命鲁肃领兵万人进驻益阳，与关羽对峙。

当时关羽驻扎在资水之北，他率领五千精锐，在资水上游投下堵塞之物，造成下游十几里的浅滩，声称要在夜间过河。

鲁肃找来诸将商议。甘宁手中有三百士兵，他对鲁肃说："你再给我增加五百人，我就可以对付关羽。我敢保证关羽听到我在资水对岸的咳嗽声，就不敢再过河，因为过了河就会成为我的俘虏。"

鲁肃直接拨付给甘宁一千人，命他迎战关羽。关羽发现对岸有了防备，就暂时放弃了夜间渡河的决定，而是在河边扎营等待机会。

孙权发现益阳情势危急，就飞书下令吕蒙赶紧去益阳增援。

吕蒙接到命令后却并没有"赶紧"去益阳，甚至连孙权的命令都没有公布，因为他还没有攻下零陵。

吕蒙找来零陵太守郝普的朋友邓玄之，并制造出准备要进攻零陵的假象。吕蒙对邓玄之说："郝普听说世间有忠义之事，也打算效法，只是时机不对。现在刘备被困汉中，被夏侯渊所围；关羽被困南郡，被我主孙权所围。他们自救尚且艰难，哪能来救郝普呢……现在我的部队士兵精锐，人人都想拼命，增援的部队随时都会到来，城破只在早晚之间。城破之后，他死无益于事，反令白发老母受到株连，岂不令人痛心？我估计他是被困在城内，不知道外面的情况，所以才会这样。你现在去见他，向他陈说利害。"

邓玄之进入零陵，把吕蒙的话告诉了郝普。郝普害怕，开城投降。等见到吕蒙，寒暄之后，吕蒙拿出孙权的紧急文书，郝普才知道刘备已回公安，关羽已至益阳，他后悔不已，却又无可奈何。

吕蒙智取郝普后，留下孙皎处理后事，自己即日率部赶赴益阳。

三郡都被孙权抢走，刘备坐镇公安，孙权坐镇陆口，关羽、鲁肃对峙益阳，一场大战一触即发。

这个时候鲁肃又发挥了重要作用，他试图通过和谈解决问题。在得到孙权的同意后，鲁肃与关羽进行了一次谈判。

因为是两军阵前谈判，为了保护双方主将的安全，双方商定各自兵马都陈列在百米之外，将领们仅只随身携带佩刀，与主将一起会谈。即便如此，东吴将领依然劝鲁肃不要前往，因为如果对方突然变卦，很容易擒住鲁肃，令东吴陷入被动局面。

鲁肃回答："今天的事，双方应该开诚布公，解释清楚。刘备虽然忘恩负义，不过是非还没有到最后结算的关头，关羽岂敢为了他一个人的私欲，做重大的冒犯？”

会谈时，鲁肃毫不客气地责备关羽，不应该拒绝交还三郡。

关羽回答：“赤壁之战后，刘备亲临战场，全力攻击敌人，怎么能白白辛苦，分不到一点土地呢？你鲁肃前来，莫非打算强行抢夺吗？”

鲁肃说：“事情不是这样的。我第一次在长坂坡见到刘备，他的部队不过只有一小撮，而且是刚刚吃了败仗，士气低落，打算向更远的地方逃窜。当时，你们敢奢望荆州吗？我主孙权哀怜刘备没有栖身之所，不惜自己民力，讨伐强暴的曹操，让出南郡，才让刘备有了个立脚的地方，解决他的困难。想不到刘备自私自利，存心诈欺，辜负大恩，撕毁盟约。而今，益州已经得手，又打算吞并荆州全土，一个普通的凡夫俗子都不忍心做出此等之事，何况盖世英雄、领袖人物？”

鲁肃的话有理有据，关羽无言可答。

之前诸葛瑾去见刘备，提出的是要荆州全郡，这一次鲁肃与关羽谈判，索要的是三郡，而不是荆州，也不包含南郡。

鲁肃本人显然不敢修改孙权的旨意，所以鲁肃此次提出的索要三郡，显然是孙权授意的。有了孙权的这个让步，谈判的空间变大了。

本来，即便是索三郡，刘备也不会轻易同意的，因为这三郡是刘备自己打下的，而且已经治理了五六年，怎么能拱手相让给孙权呢？

然而，就在孙刘对峙的时候，北方的曹操挫败了马超、韩遂，平定了关西，开始步步逼近汉中，对刘备的益州构成了很大的威胁。

刘备慌了，他听说鲁肃索要的只是三郡，就派出使者向孙权求和。双方约定，湘水以东的江夏、长沙、桂阳三郡归孙权所有，湘水以西的南郡、零陵、武陵三郡归刘备所有。

江夏郡本来就为孙权所有，而南郡江南部分之前就为刘备所有，所以这一次相当于刘备用自己南部四郡中的长沙、桂阳两个，换回了南郡中的江北部分。显然，这次交锋孙权占到了便宜，他将自己的版图由赣水推进到了湘水，对刘备控制的南郡构成了直接的威胁。

而刘备则损失了南部二郡的大片领土，但换回了江陵对长江的控制，这既可以阻止孙权水军西进，也方便北上迎战曹操。

所以，双方各有所得，矛盾得到了暂时缓解，孙刘联盟也没有彻底破裂。

第五章

拉锯战成为家常便饭

第一节　龙盘虎踞，帝王之宅也

赤壁之战，加上随后的江陵之战之后，曹仁在周瑜的压力下，从江陵撤退至襄阳、樊城。襄阳、樊城是当年刘表的老巢，也是不久前曹操大军南征留下的重要成果。所以，这一时期的襄樊，与东线的合肥，以及芜湖的濡须口一样，都是曹操与孙权争斗的主要阵地。

在北方完成休整之后，曹操再次率兵南下，渡过涡河，抵达合肥。这一次曹操到来，没有与孙权进行正面冲突，而是要调整当地的地方长官。

在此之前，扬州刺史由刘馥担任。在政治上，他对淮南地区的治理很有成效；在军事上，他安抚了梅乾、雷绪等起义军，还加固了合肥城墙，给之前孙权进攻合肥制造了麻烦。

但不幸的是，在孙权进攻合肥前，刘馥就死了。此次到来，曹操特意挑选丞相主簿温恢为扬州刺史。

曹操对温恢说："我非常希望能把你留在我的身边协助理事，可是丞相府的事务实在不及治理扬州的事务来得重要。"

曹操又说："《尚书》曾说：'股肱良哉！庶事康哉！'既然如此，我又岂能不让蒋济为你担任扬州别驾一职呢？"

蒋济以前担任过扬州别驾，做得很好，现在已经晋升为丹杨太守，于是曹操便让蒋济再次到扬州任职别驾，辅助温恢。

就在曹操安抚皖南时，陈兰却在安徽聚众叛乱。陈兰本是袁术部将，袁术失败后，他与梅成等人盘踞在江淮一带，如同山贼。

曹操命人在淮南一带屯田开荒，陈兰则勾结梅成，聚众叛乱。为了给自己找条后路，他们派人联系到了孙权。

孙权对陈兰并没有好感，但按照“敌人的敌人就是朋友”的逻辑，既然陈兰要造曹操的反，孙权自然表示支持，并派出老将韩当支援。

曹操很生气，我在这里你都敢反，太不把我曹阿瞒当回事了。他立即命令张辽率领张郃、牛盖讨伐陈兰；命于禁讨伐陈兰的盟友梅成；命臧霸迎击韩当，令其不能救援陈兰。

曹操的部署是严密的，军容是壮观的，梅成被曹军的阵势吓倒了，赶紧向于禁投降。于禁不知是计，军队稍退，梅成乘机投奔陈兰，并与陈兰一起转移到了天柱山，在山上设置营垒。

韩当被拦截了，孙权是指望不上了，凭借陈兰、梅成这两个不入流的军阀自然不是张辽的对手。但他们二人为何还不投降保命呢？其实这和天柱山复杂的地势有关。

天柱山是安徽“三山一湖”中的“三山”之一，山高陡峭，通往山顶的是一条小路，有二十多里，非常狭窄，只能勉强通过一人。陈兰、梅成认为，这条上山的小路易守难攻，只要坚持一段时间，就可以熬走张辽。

但这一次他们判断错了，如果连这点地形劣势都克服不了，张辽也不配成为一代名将了。

张辽率军抵达山下后，大家都认为山路狭窄陡峭，不好攻取。张辽说：“这就是所谓的狭路相逢勇者胜！”

张辽亲自率部下发动攻击，并成功地冲到山顶，将叛军陈兰、梅成斩杀。

曹操看到淮南地区秩序已经恢复，防线已经巩固，就留下张辽、乐进、李典镇守合肥，自己领兵北归。

得知曹操走了，孙权等人大松了一口气。

210年，孙权又有征讨合肥的打算。张纮劝谏说：“自古以来帝王是承受天命的君主，虽有皇灵辅佑在上，文德传扬于下，也要依靠武功来昭其勋绩。然而武功贵在因时而取，然后才建树威势。如今您正遭遇汉家四百年未有之厄运，有扶助危难之功业，理当暂且隐伏偃息军队，广泛开垦农耕，任贤使能，务须崇尚宽和仁惠政策，顺应天命来施行诛讨，这样就可以不劳师动众而天下平定。”

除了开头两句“天命”之类话过于空洞，张纮后面的话都很有道理，孙权欣然接纳，便停止了军事行动。

军事行动停止了，但军事防务不能懈怠。为了加强长江防务，便于东线抗拒曹操，公元211年，孙权将都城从京口迁到秣陵。

秣陵就是今天的南京，最早提出迁都于此的是张纮，他认为秣陵山川雄伟，形势险要，有“王者都邑之气”，劝孙权迁都于此。

208年，诸葛亮在赤壁之战前夕出使孙吴，经过当时的秣陵时，就曾赞叹道：“钟山龙盘，石头虎踞，此乃帝王之宅也。”

一年多后，刘备去拜访孙权，经过秣陵时再次力劝孙权定都于此。

孙权认为“智者意同”，于211年，正式把自己的权力中心迁到秣陵，并改秣陵为建业，由此揭开了南京历史的新篇章，东吴也成为第一个在南京建都的政权。

第二节　曹操：生子当如孙仲谋

211 年，曹操打败马超、韩遂，平定关中，成功解除了西部之忧。这个时候，他感觉自己有精力处理江南问题了。

过了新年，还没有出正月，曹操就让谋士给孙权写了一封信，大意是：前几年我在谯地新造舟船，操练水师。我的企图你是清楚的，你以为我势少力乏，不能远征，想划江而治，贪图安逸吗？你以为凭借水军作战，扼守长江险要，就能使朝廷军队无法渡江，这你也未必能做到。长江虽险，但江面很长，是很难防守的。

你如果能够内取张昭，外攻刘备，用行动表示归降之意，我将给你高官厚爵，并长期委托你治理江南。这样一来，你上可以让朝廷放心，下可以让百姓平安，你本人又可以安享荣华富贵，我也得到好处。这样大家不都是很好吗？

从这封信可以看出，曹操试图威逼利诱，令孙权屈服，并主动攻击刘备。

此时的孙权已经没有能力一举击败刘备了，而且即使击败刘备，自己则需要独自面对曹操的压力。所以孙权不可能接受曹操信中的要求。

要求没有被满足的曹操，于212年十月，率领号称四十万的大军再次南征。

次年春，曹军前锋张辽、臧霸进逼濡须口。这时春雨绵绵，水势上涨，孙权利用水上优势，对曹军发动攻击，曹军惊恐。

张辽认为，应该避开敌人兵锋，暂时后退，待曹军主力抵达后，再与孙权一决雌雄。臧霸却认为："曹公用兵如神，他岂能不知我们现在的处境而抛下我们不管呢？"

在臧霸的坚持下，曹军前锋坚守不退。第二天，曹操果然率大军抵达，并一鼓作气，攻克东吴军大营，俘获吴军都督公孙阳。

得知曹操大军抵达，孙权连忙率领七万大军前来迎战。

以七万迎战四十万，孙权显然是不占优势的。不过，曹操的军队只是号称四十万，实际上远远达不到这个数字，而且孙权所率领的多是水军，比曹军的步兵更适合在濡须口一带决战。

即便如此，孙权也不敢轻敌，刚一抵达，他就派甘宁率一百多人，趁夜偷袭曹军大营。甘宁于夜色中摸进曹军大营，砍翻了几十个人。等到曹军从惊慌中镇定下来准备反击时，甘宁等人已经成功撤离。

这次偷袭成果并不大，但孙权非常高兴，他认为此举提高了东吴军队士气。孙权还盛赞甘宁："曹操有张辽，我有甘宁，足以匹敌了。"

在此后的两个月中，战争进入胶着状态，双方各有胜负，不过战争的主动权更多地掌握在孙权的手中。

一个深夜，曹军一批人乘船到了一个沙洲上，东吴发现后立即派兵将沙洲包围起来。结果一轮激战，曹军又有三千多人被俘虏，还有若干人掉入水中溺死。

这次战斗之后，曹操开始躲避在大营里不出来，一直等待时机。即便是孙权百般在阵前挑衅，曹操也不为所动。

终于，机会来了。一天，曹军发现孙权竟然坐船来考察曹军大营，曹操立即令弓箭手上阵，刹那间万箭齐发，把孙权一侧的船都射倾斜了。孙权下令调转船头，很快船的另一侧也射满了箭。

看到船身基本平了，孙权才下令把船开回。

这个场景相信很多人都很熟悉，不错，这就是《三国演义》中的“草船借箭”。不过，《三国演义》中的“草船借箭”是诸葛亮实施的，而且是发生在赤壁之战前。而真实的“草船借箭”是孙权实施的，在赤壁之战后。

不久之后，孙权再次乘船来到曹军营寨附近考察。曹军准备攻击，曹操说：“这一定是孙权想要亲自见识我的军队。”吸取了上次的教训，曹操命令曹军严密防守，但不允许再放箭。

孙权很是张扬，在曹军营寨附近走了五六里，回去的路上还演奏起欢快的乐曲。

比孙权年长二十七岁的曹操，远远地看见孙权的舟船严明整肃，不由得想到了刘表那两个不成器的儿子，他脱口叹道：“生子当如孙仲谋，刘景升儿子若豚犬耳！”

僵持还在继续，雨水也过来凑热闹，而且还有增大的趋势。曹操早已烦躁得不行，但此次出兵毫无成果，他又不好意思提出退兵。

孙权也想退兵，他能够理解曹操的心情，就给曹操写信说：“春水方生，公宜速去。”

孙权又附一张小纸条说："足下不死，孤不得安。"

曹操把孙权的信展示给诸将看，并对大家说："孙权说的是实话，没有欺骗我。"

考虑到春水已至，孙权又给了自己撤军的台阶，于是，曹操率军返回邺城。

第三节　士别三日，当刮目相待

虽然孙权、曹操都各自回去了，但皖南之间的军事冲突依然不断，主动方为曹操的部下谢齐。

谢齐本来只是蕲春县的一名典农官，职务是负责屯田。但这个典农官却很不安分，总是时不时地入侵东吴，影响了东吴当地群众的生活。

身为偏将军兼寻阳令的吕蒙，试图诱降谢齐，没想到谢齐还挺有骨气，就是不降。不降只有动用武力了，吕蒙寻找机会对谢齐发动突袭，谢齐被迫退走。谢齐的部下宋豪、孙子才等人扶老携幼，投降了吕蒙。

就这样，谢齐带来的威胁解除了。

就像人们常说，生活的一半是麻烦，人生就是在不断解决麻烦中度过的。谢齐的麻烦解决之后，曹操又任命朱光为庐江太守。

朱光赴任后，一方面派间谍招降鄱阳一带的强盗头目，作为内应；

另一方面在皖县屯田，大规模种植水稻。

吕蒙对孙权说："皖县田地肥沃，如果粮食丰收，他们的兵员就会添增，这样一连几年，曹操的优势就显露出来了，应该早点拿下皖县。"

显然，能够提出这种观点，表明吕蒙已经不仅仅是一位粗鲁的军人，还是一位有见识的政治家了。对于吕蒙的这个变化，孙权是了解的。

当初，吕蒙没有什么文化，平日里也不怎么读书。看到吕蒙是一位可造之才，孙权就劝吕蒙："你现在当权掌管事务，不可以不读书学习！"

吕蒙以军中事务繁多来推辞。

孙权说："我难道想要你研究儒家经典，成为学识渊博的人吗？我只是让你泛览书籍，了解历史罢了。你说军务繁多，哪像我事务多呢？我经常读书，自己认为很有好处。"

于是，吕蒙开始学习。

不久，鲁肃到寻阳的时候，和吕蒙一起议事，鲁肃十分吃惊地说："你现在军事方面和政治方面的才干和谋略，不再是原来的那个吴县的没有学识的阿蒙了！"

吕蒙说："读书人分别几天，应当用新眼光来看待我，长兄为什么认清事物这么晚啊！"

这就是"士别三日，即更刮目相待"成语的来源。而吕蒙好读书，与鲁肃发生的这场对话，也变成了一段佳话，在整个江东流传。

关于皖县，孙权很认同吕蒙的观点，他决定亲自率兵讨伐，随同的将领除了吕蒙，还有鲁肃、甘宁、凌统等。东吴大将都来了，可见孙权对此次行动的重视。

214年闰五月，大雨使江河水涨，孙权率军沿江而上，进攻皖城。庐江太守朱光大惊，赶紧收聚部众，准备据城坚守。

和刘馥有点类似，朱光也是一位偏政治的守将，这种人进攻或许能力不足，但守城倒是很厉害。面对这样的对手，抵达皖县后，孙权召开军事会议，讨论如何攻城。

当时，很多人都建议，修筑土山，添置攻城器具。

只有吕蒙认为："制造攻城设备和堆土成山，须多日才能完工。到那时，敌人城防已经巩固，援兵必定到来，我们将不能夺得皖城。况且我军趁雨多水大而来，如果旷日久留，大水必定渐渐退走，我们回兵的道路会遇到困难，我以为那是很危险的。"

分析完危险之后，吕蒙又提出："现在看来，此城不会十分坚固，我三军士气高昂，四面齐攻，很快就可攻克，然后趁大水未退而回军，这才是大获全胜的策略。"

吕蒙的观点非常正确，雨水的变化，援军的变化，皖城防守的变化，这一切随时都可能出现，兵贵神速，东吴必须尽快攻克皖城！

计策是吕蒙出的，攻城自然要派猛将上。立即攻城的计划获得孙权同意后，吕蒙举荐将军甘宁为先锋，率领精锐士卒，从拂晓发起猛攻。

攻城开始后，吕蒙亲自擂鼓助威，甘宁身先士卒。看到甘宁冲上去之后，吕蒙又率领精锐，紧随甘宁之后登城。

进攻非常顺利，仅一顿饭的时间，东吴就将皖城攻破，朱光及数万人被俘虏。

事后证明，吕蒙快速攻城的建议是对的。实际上，刚刚听说东吴要进攻皖城，驻守在合肥的张辽就急忙率兵来救援。但东吴攻城的速度太快了，张辽刚走到半路，听说皖城已经失守，只好又返回了合肥。

皖城之战，不仅令朱光屯兵自养的计划落空，还对孙权控制江淮流域起到了重要作用。

战后论功行赏，孙权认为吕蒙功劳最大，重加奖赏，任命他为庐江太守。所俘获的人马也都分给了吕蒙，还特赐他寻阳屯田六百户，官属三十人。

第四节　曹操的锦囊妙计

得知皖城失守、朱光被俘后，曹操于当年七月率军南征。

七月的皖南，高温而又潮湿，五十九岁高龄的曹操亲自南征，本应值得将士尊敬。但从赤壁之战算起，曹操几次与孙权交手，都没有取得什么战果，所以这一次大家也都没有多大信心。

偏偏天公不作美，就在大家一路怨言时，皖南又没完没了地下起了大雨。曹操心情抑郁，他知道很快就会有人来劝谏此次行军，为此他提前下令："有谏者死！"

即便有如此吓人的命令，依然有个不怕死的贾逵站出来劝谏。贾逵能文能武，现在是丞相主簿，他认为大雨来临，实在不具备出兵的条

▲ 仓亭之战

件，在与其他三位主簿商议后，就联合上疏向曹操进谏。

已经下过“有谏者死”的军令后，贾逵依然如此，这分明不把我曹操，也不把军令当回事啊！曹操大怒，问何人是发起者，贾逵主动承认，遂被曹操下狱。

主簿属于佐吏，有点类似于今天的秘书，实际上是个权力很大的职位。狱吏因贾逵是丞相主簿，不敢上枷锁。

贾逵对狱吏说：“赶快给我上枷锁。曹操怀疑我在他身边任职，会以此要挟你宽待于我，过一段时间他将遣人来视察。”

听了贾逵的话后，狱吏不敢耽误，就给贾逵上了枷锁。

贾逵的预见是正确的。不久之后，曹操果真遣人到狱中探视贾逵，看到贾逵戴上了枷锁，心头的怒气才消了。后来曹操认为贾逵无恶意，恢复了其职位。

贾逵虽然免遭处罚，但曹操南征的决心没变。

这时，参军傅幹又向曹操劝谏，但曹操依然不听。

在曹操已经下令“有谏者死”后，曹军中依然有人出来劝谏，可见曹军还是有一些忠贞之士的。可惜他们不理解曹操：大军已经出动，怎么会因为一场大雨就无功而返呢？这置我曹操的面子于何地？

当然，现实可不管曹操的面子，这次南征的结果是曹操毫无所获，灰溜溜地回去了。

第二年三月，六十岁的曹操决定讨伐汉中张鲁。临行前，他知道自己西征，孙权定然又要征讨合肥，为此他写了一封密信，放在封套里，写上“贼至乃发”。他派人把密信交给护军薛悌，并叮嘱合肥守将需在孙权军队到来时才能打开。

在守将看来，曹操的这个做法多少有点故弄玄虚的色彩。但不久他们就发现，曹操这样做，是非常有道理的。

曹操预料的不错，他三月西征张鲁，八月孙权就率军队杀回了合肥。因为之前和刘备已经平分了荆州，两家关系暂时缓和，西线没有了后顾之忧，这一次孙权率领了十万大军，来围攻合肥。

之前几万大军都可以打败曹操，这一次十万大军，攻克合肥应该不难了。孙权充满期待地这样认为。

孙权的这个期待也是很正常的，因为城内的守将尽管有张辽、乐进、李典和护军薛悌，但守军毕竟只有七千人。

这似乎是一场没有悬念的战争。

曹军将士非常担心，该怎么办？大家一致认为，到了打开曹操密信的时候了。打开一看，见上面写道："如果孙权到来，张、李率军出战，乐率军守城，护军薛悌不得出战。"

这是一个很奇怪的命令，本来就四名将领，就七千多守军，再分成三拨就更少了，该如何守城？

其实，曹操此次安排是有深意的。在守将的安排上，张辽、乐进、李典都是猛将，资历、能力都不相上下，如果让一位做主将，必然难以和睦相处，为此他特意挑选了文官薛悌做护军，来节制他们。

平日里这样安排尚可，等到孙权大军来犯，就需要做出调整。张辽、李典勇敢，便让他们发动进攻；乐进持重，令他留下守城；而护军薛悌是个文官，就不让他参与战斗了。

对于曹操的这个安排，大家都有疑问，关键时刻，张辽说："曹公远征在外，等救兵赶到，敌军一定已经把我们打败了。所以命令我们趁敌军还没形成包围就迅速迎击，挫败敌人的锐气，以安定军心，这样才能坚守啊。成败的关键，就在这一战，你们有什么可疑惑的！”

李典表示同意。

于是，当晚张辽就征募敢于跟他战斗的士卒，一共得八百人，杀牛慰劳将士，准备第二天大战。

天刚蒙蒙亮，张辽披甲执戟，首先冲入敌阵，杀数十人，斩二将，大声呼喊自己的姓名，直冲入敌军营垒，斩杀孙权麾下两员大将之后，直接冲到孙权的指挥所。

孙权大惊，大家不知如何是好，急忙登上一个高土堆，用长戟自卫。张辽呵斥孙权下来决战，孙权不敢妄动，望见张辽率领的部队不多，就集合部队层层包围张辽。

张辽左右指挥突围，向前猛烈攻击。包围圈冲开了，张辽率领勇士数十人冲出，其余的士兵大声呼喊：“将军要抛弃我们吗？”

张辽再次冲入包围圈，救出其余士卒。

孙权的部队溃散，没有敢阻挡张辽的。从早上战斗到中午，吴军士气丧失了斗志，张辽乘机返回营地。

战斗结束之后，大家才领会到曹操的这个密令，真是一个货真价实的锦囊妙计！

这一战，虽然东吴军伤亡人数并不多，孙曹两家兵力对比也并没有发生多大变化，但双方的士气变化很大：东吴方面锐气尽失，曹军方面军心大振，他们积极备战，决心把合肥城守住。

于是，孙权的噩梦来了！

第五节　逍遥津，孙权的噩梦

十万大军气势汹汹而来，没想到被张辽的一次冲杀影响了军心，就连主帅孙权也有些意兴阑珊。

接下来的攻城也非常不顺利，当年在扬州刺史刘馥的积极建造下，合肥城墙高而坚固，木柱石头等防御器材一样不少。孙权率领诸将连续强攻了十几日都打不下来，吕蒙、甘宁等人一时也都想不出什么破城之计，加之东吴军中疾疫流行，再打下去也没什么意义，孙权只好下令撤退。

孙权不是职业军人出身，而且双方兵力十万对七千的绝对优势也让孙权过于大意，所以撤退的时候，孙权并没有做出周密的计划，各军接到撤退命令纷纷南撤，此时北岸只剩孙权及吕蒙、凌统、蒋钦与士兵一千多人。

危险就这样来临！

逍遥津是古肥水上面的渡口。本来孙权的兵力占据绝对的优势，随着主力部队撤走，一下子变成了劣势。

用七千士兵守住了十万大军的进攻，张辽等人应该感到庆幸，看到孙权主动撤退应该可以好好放松一下了。然而张辽却不这样，他发现孙权等人还滞留在逍遥津北面，就立即率领轻骑兵发动了攻击。

孙权看到张辽、李典杀了过来，而留在逍遥津北面的东吴军队太少，他十分吃惊，赶紧派人去把前面已撤退的部队叫回，无奈那些部队已上路一段时间，一时还赶不回来。

无奈之下，留下的部队只好匆忙迎战。因为东吴军队依然暴发着疫情，而且此前大家只想着撤退，对突然降临的战争毫无准备，战斗力之差可想而知。

幸运的是东吴留下来的将领中有甘宁、凌统等猛将，他们像嗜血的猎犬，闻到血腥的气味，立即恢复到了战斗状态。甘宁杀得眼红，看到东吴将士士气低落，他大喝一声："鼓吹手为何不吹号擂鼓？"鼓吹手听命，便擂鼓吹号，东吴军听到，士气为之一振。

在混战中，东吴将领陈武不幸战死，宋谦、徐盛都负伤往后退，士气受损，东吴军纷纷后撤，如果这样下去，东吴部队将成为被痛打的落水狗，后果不堪设想。

就在这时，大将潘璋从后面杀了过来，不过他杀的不是曹军，而是后退的东吴战士，接连斩杀了两名后退的东吴士兵。东吴士兵看到后退也是死，只好转身再战，这才避免了东吴军的溃败。

这一战，表现最抢眼的是凌统，他率领三百士兵一路砍杀，护着孙权来到逍遥津渡口。孙权绝望地发现，桥已被曹军破坏，剩下两边延伸的桥板，中间有一丈多的地方没有桥板可供依托。

前有大河，后有追兵。怎么办？

这时，孙权的侍从官员谷利，要孙权持着马鞍，然后让马后退，谷利从后面用马鞭抽打战马，让马飞纵向前，以助马势。就这样，孙权连人带马飞纵到了南岸。

南岸有贺齐的三千兵马在那边接应，孙权这才转危为安。

看到孙权成功脱险之后，凌统又回身继续再战。身旁的左右亲兵一一战死，凌统也多处负伤。后来，他认为孙权应该没安全顾虑了，才准备离开战场。但是桥已被曹军破坏，各条通路也已被曹军封锁，凌统只好披着战甲潜行，回到东吴军所在。

此时，孙权已经上船，看到凌统回来，十分惊喜，赶紧找人帮凌统更衣上药。凌统因他的军士都没有人活着回来，很是伤感，孙权用衣袖帮他擦泪，安慰他说："公绩，亡者已矣，只要你还活着，还怕会没有人吗？"

回去之后，孙权果然给了凌统两倍于之前的部队。

这一战，张辽可谓是大获全胜，然而张辽还是有点遗憾。在那个信息不太发达的时代，虽然与东吴军交战多年，但张辽并不认得孙权。

战后，张辽问一名东吴降兵："刚才我看到一个紫色胡须，上身长，腿短，善于骑射的人是谁？"

降兵回答："他就是孙权。"

张辽听后，十分后悔，早知道此人就是孙权，他拼下老命也要把孙权擒获。

东吴军都撤出了，孙权在船上与诸将饮宴，贺齐在席间涕泣道："至尊（当时东吴将士如此称孙权）身为人主，应当持重，今天这样的事，差点全盘皆没，部下们都震惊万分，希望您能以此为终身之诫！"

孙权起身谢贺齐，说："太惭愧了，此事我一定永远记在心中！"

以十万对七千，结果遭遇如此大败，连主公孙权也差点被擒，道遥津一战可谓是孙权的噩梦。

孙权的军事才能难道竟如此不济?

从孙权发动的几次战役来看，他的军事才能确实值得质疑。尤其这次逍遥津之战，孙权和整个东吴军队都有些过于轻敌，而张辽也确实机智勇敢，加之东吴军中又暴发疫情，所以这次东吴军的大败，和当初曹操兵败赤壁有点像。

连曹操如此杰出的军事家都有马失前蹄的时候，年轻的孙权大意败于逍遥津也是有情可原的。

第六节　曹操老矣，暂时和平

当孙权在江东休养生息的时候，北方的曹操发动了对张鲁的攻击。

公元 216 年，曹操率兵击败张鲁，攻克汉中。

此时，蜀地已经近在咫尺。刘备去年刚刚用欺诈手段获得了刘璋的蜀地，人心尚未归附，现在忽闻曹操大军攻克汉中，蜀地震恐，当时就有线报，一日之内，蜀地竟然发生了数十起暴动事件。

面对这样一个接近崩溃，几乎唾手可得，而又十分富饶的蜀地，谋士刘晔建议曹操发动进攻。

打败刘备是曹操多年的心愿，远比打败孙权更为急切。然而，面对刘晔这么好的建议，曹操竟然认为人不能太贪心，既得陇，何必再望蜀。

七天之后，又有蜀地动乱的消息传来。曹操再次询问刘晔，刘晔认为蜀地局面其实已经好转，失去了最佳的进攻时机。

于是，曹操领兵返回。

七天的时间里，蜀地动乱的局势能够好转吗？当然不可能。而且线报里已经说了，蜀地不断发生动乱，刘备靠军事镇压才勉强稳住局势。那么当初主战的刘晔，为何改变了说法呢？因为他看出曹操内心不想再战，他说出那样的话不过是为曹操退兵找个台阶下。

四年之后，关羽利用洪水优势，围困樊城，中原局势紧张，以至于曹操甚至考虑迁都，可见当时局势之危急。

为此，曹操准备亲自率领大军南下，挽救樊城，挽救中原危局，但有个谋士提出了一个牵强的理由之后，曹操竟然不去了，只是派其他将领南下。

曹操的这两次表现有些令人失望。想当年在讨伐袁绍、吕布、张绣、马超、韩遂等的一系列战斗中，曹操基本上都是亲自领兵作战，他根据具体情况，时而声东击西，时而避实就虚，时而埋伏，时而包抄，时而突袭，时而离间，时而劫粮，时而攻彼救此，时而弃物诱敌。

那时的曹操何等果断，何等英明，又何曾有过半点退缩？

然而，这两次曹操是怎么啦？

答案有些令人心酸，因为曹操老了，英雄进入了暮年。公元 155 年出生的曹操，攻克汉中时已经六十一岁了。曹操虽然写过“烈士暮年，壮心不已”，实际上雄心已经不再，或者至少雄心没有那么强烈了。

人怎么能够超越年龄呢？随着年龄的增长，人的体力会衰退，人关注的兴趣点会发生变化，人的精神状态会衰退，人的意志力、执行力会衰退，人的雄心壮志在失去能力支撑的时候也会衰退。

这就是曹操的悲哀，也是诸多英雄的悲哀。在曹操的诸多谋士中，刘晔并不是最突出的，刘晔能够发现的战机，曹操当然也能看到。但是此时的曹操已经没有了昔日的魄力，只能悲哀地看着统一天下的机会白白流逝，看到自己的理想今生永难实现，最后甚至要靠刘晔的一句谎言来作为自己退兵的理由。

曹操老了，这是曹操的不幸，却是孙权的大幸。

217 年正月，曹操再次率军南下，孙权在濡须口以吕蒙为大都督，迎战曹操。

曹操军队刚刚抵达，前锋扎营未稳时，吕蒙主动出击，大破曹军前锋。这一战虽然伤敌不多，却对双方士气影响很大。

一次突袭成功后，东吴军再次发动突袭。当时甘宁是前部都督，他接到命令去袭击曹军的前营。既然是突袭，必然要挑选精锐，人数不会太多。这一次，甘宁挑选了一百多人。

甘宁出发前，孙权亲自给这批突击队送来了米酒与佳肴。甘宁用银碗斟酒，自己喝下两碗，然后再斟给他手下的都督。

这碗酒有誓师壮行的味道，本来场面应该很壮烈。没想到，甘宁递酒过来的时候，都督跪在地上，竟然犹豫着没有接。

甘宁很生气，大声呵斥："你被吴主所知遇，为什么这么怕死！"

都督看到甘宁气势汹汹，赶紧接过酒碗喝下，又把酒碗传给下一个人，誓师大会得以顺利进行。

当晚二更，甘宁率领着一百多人发动攻击。不求砍杀多少曹军，只求造成影响。在惊动了敌军，造成了一定的影响之后，甘宁撤退。

虽然有了两次小规模的胜利，但孙权还是在接下来的对战中败给了曹操，当然也不是大败。两军进入僵持阶段，孙权希望能够分出精力和刘备争夺荆州，于是派出使者讲和。

曹操也不愿僵持下去，且发现扩大战果很难，看到孙权有意与刘备争夺荆州，他正好顺水推舟，同意议和。

古代议和的最好方式莫过于联姻，曹操把弟弟的女儿许配给了孙权的弟弟孙匡，孙权则把从弟的女儿嫁给了曹操的儿子曹彰。虽然辈分上有点乱，但这是政治婚姻，大家也都不再计较这些。

商定好联姻之后，曹操留下夏侯惇、夏侯仁、张辽等将领，率军北返，孙权留下周泰等将领，也率军南归。

就这样，孙权、曹操在淮南、江北之间的皖城、居巢一带形成了僵持的局面，暂时的和平到来了。

第六章

高傲的关羽被算计了

第一节 “鹰派”吕蒙上位

从周瑜到鲁肃，江东的国家战略都是要吞并荆州、益州，只是受制于北方曹操这个巨大威胁的存在，孙权才被迫联合刘备共同对付曹操。

赤壁之战后，利用曹操休整、刘备攻占益州之机，孙权发动军事攻击，以湘水为界，与刘备平分了荆州。

然而，孙权并没有满意，他时刻准备着继续向西扩张。

随着刘备在益州扎下根，孙权吞并荆州的愿望更加强烈。尤其是最近几次与曹操用兵，都是互有胜负，谁也奈何不了谁，伤敌一千，自损八百，这种消耗战，双方都失去了兴趣。于是，他们通过联姻的方式实现了暂时的和平。

北方曹操的威胁解除了，吞并荆州又被提上了议事日程。

除了外部形势的变化，江东内部“鹰派”“鸽派”的此消彼长也影响了江东西征的步伐。

我们知道周瑜属于“鹰派”，赤壁之战结束不久，他就提出西征。可惜刚走到半路，就出师未捷身先死了。

周瑜死后，鲁肃执掌江东兵权。鲁肃在《三国演义》中被塑造成了一个头脑简单的老好人，被诸葛亮愚弄，被周瑜催促，两边受气。

这当然是不符合事实的，否则周瑜死时也就不会举荐鲁肃接替自己，孙权也不可能一直重用鲁肃，直到鲁肃病逝。真实的鲁肃是一位杰出的战略家、政治家、军事家、外交家，如果不是他长远的战略眼光，孙刘联合就不会那么容易实现，孙刘有可能都会被曹操吞并。

公元 215 年，孙刘两家争夺荆州，如果不是鲁肃孤身从中斡旋，一场孙刘大战恐怕将不可避免。

虽然鲁肃很有战略眼光，很有外交才能，但也不得不承认在对待荆州刘备方面，鲁肃一直是个“鸽派”。一直以来，他都反对用军事手段解决荆州问题。

有道是：“扫帚不到，灰尘不会自己跑掉。”荆州的问题也一样，不通过军事手段，是不可能得到解决的。

217 年，鲁肃病逝，“鸽派”得到削弱，“鹰派”的机会来了。

然而，令人无语的一幕出现了——孙权任命从事中郎严畯接替鲁肃。严畯是个读书人，性情忠厚，待人以诚，为了躲避战乱，才来到了江东，被张昭推荐给孙权。

这样一个性格温和的读书人，怎么能够统领一群桀骜不驯的江东将领呢？大家都心存疑虑。严畯本人也这样想，就在朋友为严畯的升迁感到高兴的时候，严畯却对孙权说：“我向来只是个书生，不参与军事，不具有占据这种职位的才干，罪过与悔恨将会随之到来。”

严畯说得慷慨恳切，以至于流泪。

孙权看到严畯如此恳切，就提出让严畯骑马试试，严畯竟然从马上摔了下来。一个连马都骑不好的人，怎么能够统领江东兵马？于是，孙权正式任命吕蒙接替这个职位。

吕蒙是个货真价实的“鹰派”，赤壁之战后，他一直主张武力吞并荆州。

吕蒙不仅是“鹰派”，而且很有才能。当初鲁肃刚刚接替周瑜时，对吕蒙这个一介武夫心存轻视，有人对鲁肃说：“吕将军战功卓著，不可用过去的眼观看待他，你应该去拜访他。”

鲁肃拜访吕蒙，酒酣耳热之际，吕蒙问鲁肃：“你身负重任，与关羽为邻，打算用什么计谋，来防备意外的变故呢？”

鲁肃很不经意地回答说：“具体情况因时而定。”

吕蒙说：“现在吴、蜀虽然联盟，然而关羽实为熊虎之将，岂可不预先定好计谋策略？”

鲁肃于是离席走到吕蒙身边，拍着他的背说：“吕子明啊，我真没想到你的才干谋略竟能达到如此的水平。”

在与吕蒙相处的过程中，鲁肃发现吕蒙对吞并荆州非常上心，他还为鲁肃提出了三个计策，鲁肃认为非常好，“敬受之”，但秘而不宣。

作为“鹰派”，吕蒙不仅向鲁肃表达了自己的观点，他也向孙权大胆提出了自己的建议：

“如果现今让征虏将军孙皎据守南郡，潘璋进驻白帝，由蒋钦带领一万人的机动部队，沿长江上下巡察，敌人出现在哪里就奔赴哪里，而微臣我则为主公向前占据襄阳。像这样进行布置，还担忧曹操什么呢？还依赖关羽什么呢？再说关羽他们君臣，倚仗其狡诈和力量，处处反复无常，怎么能将他们当作真心的好朋友啊！现今关羽之所以没有立即向东侵犯我们的辖境，原因就在于主公您无比圣明，我们这些将领还在世啊。如今不趁我们强壮时打他们的主意，一旦我们死了，要想再施展力量，还可能吗？”

孙权非常认同吕蒙的观点，但此时他更希望攻取徐州。

吕蒙回答：“如今曹操在黄河以北，安抚平定了幽州、冀州，没有空暇顾及东面，徐州境内防守的兵士力量微不足道，只要去进攻，自然可以攻克。然而徐州的地势，只通陆路，是骁勇骑兵驰骋的地方，主公您今日得到徐州，十天内曹操就会来争夺，虽说用七八万人来坚守它，还是值得忧虑的。不如攻取关羽，占据全部长江流域，形势就会更加壮大。”

吕蒙的意思非常明确，即使夺取徐州，咱们也很难守住；但如果夺取了荆州，我们就可以占据长江流域，让我们的实力更加壮大。

孙权认为吕蒙说得非常对，但限于当时的局势，并没有立即实施。

鲁肃死后，吕蒙掌权，“鸽派”“鹰派”此消彼长，加之刘备在益州称汉中王，孙权内心的天平已经从联刘变成了伐刘，荆州之战就在所难免了。

▲ 关公大刀斩颜良

第二节　缺点大过优点的关羽

吕蒙上位后，他要西征，直接面对的敌人就是替刘备驻守荆州的关羽。在满身充满光环的关羽面前，吕蒙太弱小了，关羽太强大了，可以说，两个人根本就不是一个重量级的选手。

其一是作为武将，关羽非常能打。虽然《三国演义》中把关羽塑造得太过于神话，但真实的关羽确实勇武超群。当年袁绍派大将颜良围攻白马，关羽远远望见了颜良的旗帜和车盖，便策马驰入千军万马之中刺杀颜良，割下其首级回到营中，袁绍的众多将领没有人能够抵挡他，就这样解了白马之围。

一个人独闯千万大军，斩下对方大将首级，再成功冲出来，并凭借一个人结束一场战争，关羽的勇武震动天下，曹操的大谋士程昱曾称赞关羽“万人之敌”。

其二是关羽非常刚强。他镇守荆州时，一次被曹军冷箭射中左臂，而且箭上有毒，箭伤很难治愈。他找来一位名医，名医提出需要刮骨疗毒。在没有麻药的那个年代，割开皮肉刮骨，其疼痛是可想而知的。

但关羽同意了，他一面让医生给他做手术，一面与诸将饮酒。胳膊上的血淌在盘子里，其他将领看得胆战心惊，但关羽忍住疼痛，依然言笑自若。真是一条响当当的汉子！后世很多绿林好汉都敬重他，除了他是武圣之外，他的刚强也是一个重要原因。

其三是关羽忠义。关羽被曹操擒获时，曹操上马金，下马银，给了关羽很多封赏，依然无法留住关羽。一旦得知了刘备的消息，关羽就果断选择离开，“千里走单骑”，去投奔刘备。

正是因为关羽的这些优点，宋、元、明各朝皇帝都把关羽作为宣传忠君爱国信念的典型，关羽的身份也发生了变化，“侯而王”，“王而帝”，到清朝初年皇帝直接把他与“文圣”孔子并列，称为“武圣”。

在民间，道教将关羽奉为“关圣帝君”，即人们常说的“关帝”，为道教的护法四帅之一。在台湾省，民间所供奉的“关公”又被信徒称为“恩主”，即救世主的意思。

关羽的优点非常大，一直活在别人的赞美之中，就连人人畏惧的曹操也对其敬重有加。关羽在曹营时，曹操对其加官晋爵，奏封其为“寿亭侯”；关羽离开曹营，沿途斩杀曹军守将，曹操依然宽恕他。他与曹操的这段故事，天下皆知，人人称颂。

关羽太优秀了，但过于优秀常常会导致高傲自负，目空一切，关羽也不例外。

几年前，刘备进攻益州时，马超前来归降。马超是一代名将，威震西凉。

得知马超来了，关羽很想与马超一较高下，就写信给远在益州的军师诸葛亮，问马超的才能可以与谁匹敌。

对于关羽的性格，诸葛亮非常了解。当时正值刘备吞并益州的关键时期，关羽留守荆州是为了提防东方的孙权从背后袭击刘备的老巢荆州。这个时候，如果关羽硬要来益州与马超一较高下，孙权很有可能会乘机夺下荆州。此时，刘备还没有真正占领益州，后面又没了退路，那么刘备集团就彻底玩完了。

所以，诸葛亮赶紧给关羽写信：马超文武双全，英烈过人，算得上一代俊杰，可以与汉初的英布、彭越相比，也可以与张飞并驾齐驱。不过，比不上美髯公的超群绝伦。

英布、彭越是当初唯一可以与项羽对决的猛将，张飞长坂坡上一声断喝吓退八十万曹军，现在军师诸葛亮告诉关羽，这三个人都不如你!

关羽笑了，他扬扬得意地把这封信传递给身边的将士、宾客看，大家也毫不意外地对关羽进行了一番赞美。

关羽非常感激诸葛亮对自己的高度认可，但他不知道这是诸葛亮利用“戴高帽”的方式，成功稳住了他。

关羽不仅高傲，还缺乏政治头脑和外交才能。他镇守荆州时，孙权为了稳定孙刘两家的关系，曾经派使者到关羽处提亲，希望将关羽的女儿嫁给自己的儿子，孙、关两家结为儿女亲家。

在讲究门第的三国两晋南北朝时代，孙家毕竟是江东之主，地盘比刘备大，而关羽只不过是刘备麾下的一名战将而已，孙权提出主动结亲，实际上算是屈尊了。

如果关羽对于这门婚事不认同，可以婉言拒绝，毕竟当时孙刘两家还属于联盟状态。没想到关羽的反应是“骂辱其使，不许婚”。

孙权热脸贴了冷屁股，自然恼羞成怒。但孙权是成熟的政治家，他懂得顾全大局，为了孙刘联盟，他暂时忍耐下了关羽的无礼。

刘备称王，曹操议和，鲁肃病死，吕蒙继位，时势发生巨大变化后，孙权决定不再忍耐。而就在这时，关羽又给孙权西进创造了一个好的机会。

第三节 关羽骂孙权为“貉子”

公元 219 年七月，刘备在益州北部称汉中王，同时在军事上占据了上庸、房陵。为了配合刘备在益州北部的胜利，关羽命南郡太守麋芳守江陵，士仁将军守公安，自已则率军大举进攻曹仁驻守的襄阳、樊城。

关羽进攻曹仁的战争需要详细交代一下，这既是因为这一战非常经典，更是因为孙权、吕蒙能够在后来除掉关羽，和关曹的这场战争有很大关系。

关羽首先进攻的是樊城，这里驻守的曹军将领是曹仁、庞德、满宠。曹操得知关羽大举来犯樊城，急忙派出大将于禁前来救援。在军事部署上，曹仁、满宠驻守城内，庞德、于禁等人率领七路大军，驻守在樊城北面，与樊城相互呼应。

关羽气势汹汹而来，满宠建议曹仁避其锋芒，坚守不出。于是，两军进入僵持阶段。

转眼到了八月，天空下起了大雨，而且一下就是十多天，汉水暴涨，溢出堤外，襄樊地区一片泽国，樊城被洪水围困。

其实早在赤壁之战之前，在后人眼中整天骑着赤兔马作战的关羽，已经开始统领水师。这一次，襄樊地区洪水泛滥，给关羽的水师提供了大展拳脚的机会。

洪水到来，樊城外驻守的庞德、于禁等七路大军被迫转移到高处躲避。关羽率领水师，乘坐船只向躲在高处的曹军发动攻击。

不习水战的曹军如同任人宰割的羔羊，大将于禁被关羽擒获，被迫投降。于禁被送回了江陵关押，而于禁手下的曹军则被关羽收编。

于禁被擒了，剩下的就是庞德。

庞德的故事很传奇，他本来是马腾、马超手下的名将，勇冠三军。马超被曹操击败后，带着庞德投了汉中张鲁，曹操吞并张鲁时，庞德无奈投了曹操。而庞德曾经的主人，则投奔了益州的刘备。

庞德和关羽一样都非常忠义，曾经的主人马超投降了刘备，曹军上下都担心庞德会反水归降关羽，即便不归降，也不会真心与关羽作战。

这一次大家都错了。

听到众人对自己的议论，庞德骄傲的内心在滴血，他发誓："我深受国恩，立誓为国捐躯。我会亲自迎战关羽。这一次不是我杀了关羽，就是关羽杀了我。"

当时，庞德率领董超、董衡在河堤上避水，关羽率领水军坐船进攻过来。他们一边进攻，一边射箭，庞德的士兵伤亡很大。

站在大堤上的庞德拿出弓箭，箭无虚发，射向关羽的水军，关羽手下也有不少士兵被庞德射杀。

此时，曹军军心不稳，就连将领董超、董衡也主张投降，庞德大怒，挥剑斩了二位将领，继续射箭。箭射完了，庞德就指挥曹军用短兵器与关羽军进行搏斗。

战斗进行得非常激烈，从早晨战斗到中午，庞德身边只剩下三个人了。庞德从蜀军中夺了一条小船，打算撤离。没想到一个巨浪过来，小船翻了，庞德落水被擒。

对于庞德，关羽非常欣赏。他试图以马超已经归降刘备为由劝降庞德，换来的却是庞德的一顿臭骂。骄傲的关羽只好斩了庞德，成全了庞德壮烈成仁的誓言。

于禁投降、庞德成仁，曹操非常感慨："我信于禁三十年，没想到面对危险时，竟然不如庞德！"

这就是人与人之间的差距。

城外的七路大军就这么被关羽除掉了，城墙又被洪水冲击，随时会坍塌，城内的守军惶惶不安，纷纷建议曹仁撤退。

留得青山在，不愁没柴烧，实在不行就撤吧！曹仁有点动摇了，他找满宠商议对策。

满宠认为，洪水不会持续太久，很快就会退下去的，这是自然现象。关羽孤军深入，不敢继续推进，是担心我们截断他的退路。更何况，一旦我们撤退，军心动摇，不仅襄樊，整个黄河以南地区都可能落入关羽之手。

在满宠的劝说下，曹仁坚守了下去。

当时洪水几乎淹没了城墙，樊城内只有几千守军，又受到关羽围攻，内外近乎断绝，粮食将近吃完，援军没有影子，看来樊城城破只是时间问题了。

关羽在襄樊地区的节节胜利，让孙权、吕蒙发现了机会。

孙权不算是一流的军事家，却绝对算是一流的政治家、外交家。关羽率军进攻襄樊，荆州空虚，如果这个时候孙权指挥东吴主力夺取荆州，胜算很大。但孙权不愿意这样做，以最小的代价获得最大成果，这才是一名政治家最愿意选择的。

你关羽不是骄傲自负，目空一切吗？那我继续示弱于你。

孙权派人告诉关羽，东吴将以同盟的身份帮助他进攻襄樊。关羽非常高兴，但左等右等就是看不到孙权的军队，生气地骂道：“貉子竟敢如此，等我攻下樊城之后，一定要把他也灭掉！”

貉子又名土狗，体肥短粗，四肢短而细，把同盟的主公孙权骂为貉子，显然是非常不明智的。

孙权听说后，不仅不在意，反而很高兴，他知道关羽并没有把自己放在眼里。孙权并没有停止示弱，他继续写信给关羽致歉，给关羽赔罪。

当然孙权做的这一切都是假的，在假意迎合关羽时，他已经开始着手来对付他了。

第四节　曹操吓得要迁都

孙权主动示弱关羽，一个重要原因是关羽率军进攻襄樊时，为了防备孙权乘机进攻，他在荆州留下了重兵，还在沿江一带建立了烽火台，这给孙权硬攻荆州增加了难度。

该如何对付关羽留下的守军呢？

就在这时，驻守陆口的吕蒙给孙权写了封密信，说关羽在荆州留下的守军，一定是为了对付我们的。我经常生病，可以以我生病为由，将我调回建业养病。关羽听说我回了建业，就会放松警惕，从而选择从荆州抽兵去支援襄樊前线。到那时我们就可以沿江西上，乘虚一举拿下南郡。

吕蒙的计策令孙权非常高兴，他立即下诏，令吕蒙回建业养病。

吕蒙接到诏书，大模大样地从陆口启程返回建业。经过芜湖时，屯驻芜湖的陆逊对吕蒙说："关羽与你为邻，你远离防区，返回建业，不会有后顾之忧吗？"

吕蒙说："你说得很对，但我病得太重，没有办法啊。"

陆逊说："关羽自恃他的骁勇胆气，欺侮别人。现在更加意气骄横志向狂肆，未存戒心。他若听到您病重，必然更加不防备。您见到主公，应好好计划。”

吕蒙没想到这个看似文弱的陆逊，竟然和自己想到了一起，但为了防止计划泄露，他只好敷衍道：“关羽勇猛又据有荆州，不是可以图谋的对象。”

吕蒙回到建业，孙权征求吕蒙意见，谁可代替他镇守陆口。吕蒙回答说：“陆逊思虑深远，才能足以担负重任，从他的谋虑来看，将来定可以大用。”

除了陆逊有才能，是个潜力股外，吕蒙又提出了更为重要的一点：“现在他还不太出名，不是关羽所畏忌的，要找接替我的人，没有比他更恰当的了。”

对于陆逊，孙权是了解的。孙权刚刚继位时，广招人才，21 岁的陆逊以幕僚的身份来到孙权身边，长期主持孙权的文秘工作。可以说，在众人的眼里，陆逊是个文臣，连孙权也这样认为。

直到后来江东境内的山越闹事，陆逊提出了征剿计划，并亲自率兵讨伐，孙权才发现了陆逊的军事才能。孙权开始器重陆逊，把他视作心腹，经常找他商讨治国大策，并让陆逊娶自己的侄女为妻。

陆逊是个潜力股，又可以迷惑关羽，这简直是上天赐予我孙权的最佳人选！孙权立即任命陆逊为偏将军、右部督，代替吕蒙镇守陆口。

这一年，陆逊三十七岁，正是一个男人达到成熟顶峰却没有衰退的年龄。与孙策、周瑜、吕蒙相比，陆逊登上历史舞台的年龄确实有点大，但他后来以自己杰出的才能让历史记住了他。

既然让陆逊镇守陆口，孙权、吕蒙暗中策划的夺取荆州的军事计划自然要提前告诉他，这样陆逊才能按照计划行事。实际上早在吕蒙举荐陆逊时，他就对孙权说："如果要任用陆逊，应当让他对于外界隐蔽起来，不出头露面，而在暗中观察形势，寻找机会，然后定可以成功。"

陆逊完全领会了孙权、吕蒙的军事意图，一到陆口，作为东吴主将，他就利用关羽骄傲自负的弱点，给关羽写了封充满溢美之词的信。信中夸张地说关羽擒获曹军大将于禁，水淹曹操七军，敌国崩溃，其功绩远超当年的晋文公、韩信。

陆逊还说，自己只是一个文弱书生，粗疏迟钝，难堪大任，我对你充满敬佩，充满仰慕，能够与你为邻，我非常荣幸，绝不会，也不敢与你为敌。

这简直就是一封"粉丝"写给"偶像"的崇拜信。关羽读后，非常高兴。吕蒙走了，来了个名不见经传的书生陆逊来守陆口，关羽认为来自江东的威胁已经解除，他开始抽调留守荆州的军队来支援襄樊前线。

兵力增加了，战事进行得非常顺利，关羽乘胜扩大战果，襄樊一带的曹军中很多将领纷纷投降。荆州刺史胡修、南乡太守傅方，均降于关羽。

就在这时，河南弘农郡平民孙狼起兵造反，响应关羽。受此影响，其他一些地方也爆发叛乱，遥相呼应，声援关羽。

中原大地为之震动！

从地图可以看出，襄樊、弘农郡距离曹操的大本营许都很近。加之，之前于禁七路水军被淹，襄樊被困，曾经威风八面的曹操老了，雄心也打了折扣，他打算将都城迁到黄河以北，来避开关羽的锋芒。

曹操找属下来商议此事，司马懿表示反对：于禁等七军被淹，这并不是守将的过失，而且即使水军被淹，对我方损失并不算大。如果这个时候迁都，就会示弱于敌人，而且还会引发中原一带人民的恐慌，军心不稳，到那时整个国家都将面临危险。

阐述完迁都的危险之后，司马懿又分析了不迁都的对策。司马懿认为，孙刘两家从外表上看是联盟，看似亲密，实际上各怀私心，现在关羽得势，孙权一定不会高兴，我们只要派人游说孙权，让东吴偷袭荆州，咱们襄樊的问题就解决了。

司马懿的这个观点非常好，但孙权会同意偷袭荆州吗？毕竟孙刘至少表面上还是盟友。

这时，蒋济提出可以割江南，以封孙权，鼓励孙权出兵。

当然，蒋济提出的割江南，更多的是许诺，属于空头支票。

曹操认为司马懿、蒋济的计策非常好，立即派人实施，不过他依然担心，孙权真会撕破孙刘联盟，偷袭荆州吗？

第五节　被全世界抛弃的关羽

曹操的使者拜见孙权，转达了曹操的意见，孙权一下子乐疯了。本来孙权还担心自己进攻关羽时，曹操会在背后捣乱，没想到曹操不仅承诺和好，还要割江南给自己。

这真是意外之喜！

孙权立即写信给曹操，表示愿意替曹操讨伐关羽，一旦我军攻克江陵、公安，关羽必然逃走，那么你们的樊城之围就解决了。不过，现在你一定要为我保密，免得关羽有了防备。

在孙权看来，东吴出兵讨伐关羽，对曹操简直是天大的利好，所以曹操一定会为自己保守这个秘密。

当孙权的这封信交到曹操的手上时，围绕是否为孙权保守秘密，曹军内部展开了讨论。有人主张孙权夺取荆州，关羽失去老巢，仓皇撤退，这自然有利于曹军，所以应该替孙权保守秘密。

而董昭却提出了反对："军事上的事情注重权变，要求它合乎时宜。应该表面上答应孙权，为他保密，但实际上要把它泄露出去。关羽听说孙权出兵西上，如果退兵回防，樊城的包围就会很快解除，我们很方便地获得利益，还可以使孙权、关羽两支贼军互相对峙攻击，我们坐等他们的困乏疲惫。

“如果我们保密而不使它泄露，让孙权的计划实现，那不是上策。另外，围城中的将官如果不知道外有救兵，想到粮食越来越少，会产生恐惧情绪，倘若有了其他的想法，造成的危难将不会小。所以还是露出这个消息对我们有利。并且关羽为人强横凶暴，自己倚仗江陵、公安二城防守坚固，必定不会立即退兵。”

曹操认为董昭的意见很有道理，他立即把这个泄露密信的任务交给了徐晃。

徐晃与张辽很像，是一员既能冲锋陷阵，又有谋略的三国名将。曹操在派出使者与孙权联系时，也派出徐晃领兵支援襄樊。鉴于徐晃所率领的是一支新军，难以和关羽正面交锋，曹操还派出徐商、吕建率兵支援，并要求几路兵马会合后，方可发动进攻。

听说名将徐晃来了，而且樊城外的洪水正一天天退去，蜀军的船只越来越难发挥作用。关羽急了，他亲自督战，指挥蜀军攻城。不料只有几千人的曹仁，硬是守住了樊城，令关羽无可奈何。

当时关羽前部屯偃城，徐晃佯筑长堑，示以将切断蜀军后路。蜀军害怕被围，只好烧营撤走。徐晃军队进据偃城，两面连营，渐渐向围城蜀军逼近。徐晃军营距关羽的包围圈仅有三丈的距离。

显然，目前的局势对关羽十分不利。当然，不利的局面才刚刚开始，更大的不利还将接踵而来。

因为关羽长期围攻樊城，部队消耗粮食本来很大，陆逊的示弱战略成功后，关羽再次从荆州调集部队支援樊城前线，随着兵马的增多，留守后方的麋芳、士仁为前线提供粮草越来越困难。

对于麋芳、士仁的困难，关羽给予的不是同情，而是斥责："如果再不用心为我提供粮食运到前线，等我回去一定好好收拾你们！"

关羽为自己的斥责付出了代价。麋芳、士仁对斥责非常不满，这为关羽后来败走麦城，兵败身亡埋下了伏笔。

斥责完麋芳、士仁，粮食问题还是无法解决。关羽知道孙权在湘水边有个湘关，在那里囤积了大批粮食，于是就派军队出动，到湘关把孙权的粮食抢了过来。

这显然又是一个不明智的决定，此时孙权还没有军事行动，孙刘两家还维持着表面的同盟关系。关羽前线吃紧，本应该祈祷孙权不要背后偷袭自己，怎么能主动去抢孙权的粮食，从而激怒孙权呢？

不过幸好孙权早已决定偷袭关羽，那么关羽此次抢粮也就无所谓了。

粮食问题解决后，蜀军又恢复了实力。前来解救樊城之围的徐晃看到蜀军英勇，也只是据守不出，等待曹军北路援兵的到来。

徐晃手下的将领都很担心，徐晃是奉命来解樊城之围的，樊城被洪水浸泡数日，曹仁只有几千兵苦守，樊城随时都可能被攻破。一旦城破，局势就会对关羽有利。所以，大家都催促徐晃赶紧进攻蜀军。

议郎赵俨却认为，如今蜀军把樊城围得非常严密，徐晃军力单薄，与城内曹仁的联系又被切断，无法里应外合破敌。目前不如命前军进逼包围圈，暗地里派间谍通报曹仁，让他知道城外救兵已到，以此来激励将士。

算来北路援军不过十天也会赶到，城内兵将在这段时间内足以据城坚守。然后里应外合，发起攻击，敌寇一定会被打败。

赵俨还表示，如果因为救援樊城迟缓而遭遇责难，我赵俨愿担当责任。

徐晃和诸将都认可赵俨的意见，于是他们一面挖地道，一面准备用弓箭将书信射给守城的曹仁。

就是在这种情况下，孙权向曹操表态的信到了。在董昭的建议下，曹操把孙权的密信给了徐晃。徐晃收到孙权的密信后大喜，派人把信抄录了多份，分别用箭射给蜀军和樊城内的曹仁。

曹仁收到信后大喜，知道不仅援兵来了，孙权还要背后偷袭关羽。

关羽收到信后却犹豫了，孙权一旦从背后偷袭荆州固然令他害怕，但关键是他不确定这封信的真假。在那个兵不厌诈的年代，关羽担心这封信是曹军故意捏造的，意图是让他主动撤兵。

自己围攻樊城多日，吃了这么多苦，眼看樊城就要被攻克，这个时候如果被一封信吓得主动撤退，那岂不是成了笑话？

所以，关羽犹豫了，他没有立即撤退，而是派人打探江陵的消息。

就是这个犹豫，让关羽失去了最后的机会，导致他几乎被全世界抛弃了，等待他的只有兵败被杀。

▲ 关羽刮骨疗伤

第六节 吕蒙“白衣渡江”

就在关羽犹豫不决的时候，曹操、孙权都在积极准备。

曹操更为积极，他要以六十四岁高龄来一次亲征。因为之前曹操战绩辉煌，听说他要亲征，很多将领都很兴奋，并希望他尽快行动。

但侍中桓阶却提出了反对。他问曹操：“大王您认为曹仁等能不能完全由自己判断形势、处理战事？”

曹操回答：“能。”

桓阶又问：“大王是不是怕他和徐晃不尽心尽力？”

曹操回答：“不是。”

桓阶再问：“那您为什么还要亲自前往呢？”

曹操说：“我只是担心敌军人马众多，恐怕徐晃等实力不如敌人。”

桓阶说：“眼下曹仁等身处重围之中，而能拼死守城毫无二心的原因，正是因为他们所处的境地和您距离遥远。人常说，居万死之地，必有死争之心。如今他们内有死争之心，外有强将援救，大王如果统率大军按兵不动，从容向敌显示我军的实力，哪儿还用得着担心失败而亲自前往呢？”

曹操觉得他说得有道理，就统率大军驻守在摩陂。

曹操虽然不亲临战场，却不断派出殷署、朱盖等十二营曹兵进至偃城，并将这些援军全部交给徐晃指挥。

当时，关羽军主力屯围头，一部屯四冢。徐晃以声东击西战术，扬言欲攻围头，却出其不意突袭四冢。

关羽担心四冢有失，亲自率步骑五千出战。战前，由于关羽和徐晃是同乡，而且关系很好，两人隔着一段距离遥远对话。

大战在即，关羽与徐晃隔空喊话，所说的不是军事，只是一些平生琐事。

聊到最后，徐晃下马宣布军令："得关云长首级的人，赏金千斤。"

关羽惊怖，说："大哥，你说的这是什么话？"

徐晃回答："这是国家之事。"

随后两军混战，关羽被徐晃击败，当其退回营寨时，徐晃率军穷追不舍，紧随其后冲入营内。

关羽虽然骄傲自负，但能力也不可小觑。当时关羽的营寨外围深壕阻隔，障碍设施极为严密，若从营外强攻极为困难。幸好徐晃乘蜀军陷于混乱之机，由内突袭，一举大破之。

蜀军损失惨重，曹军的樊城之围成功解除。

关羽在樊城遭遇大败，却不知道，早在他围攻樊城时，孙权就开始实施了偷袭荆州的计划。

为了保证一战成功，孙权格外重视将领的挑选，他想任命宗亲孙皎、吕蒙为左右大都督，共同指挥西征军队。

这显然不是一个好的选择，因为有两个都督同时存在，必然会导致在指挥作战时相互掣肘。之前攻打江陵时，孙权就曾经任命周瑜、程普为左右大都督。论能力，周瑜自然是最强的；但论资历，程普又够老。结果两个人不能和睦，险些误了国家大事。

对于左右都督的危害，吕蒙心里很清楚，他对孙权说，如果主公认为孙皎有能力，就请任用孙皎；如果认为我有能力，就请任命我。以前周瑜、程普分任左右都督共同攻打江陵的事，应该引以为鉴。

孙权的长处就是善于采纳好的意见。他认为吕蒙说得对，就改变了想法，让吕蒙做大都督，而让孙皎统领后续部队。

219年十一月，江南气温渐凉，孙权亲自督军沿江西进，吕蒙率军先行。抵达寻阳后，很快就要接近蜀国境内时，吕蒙把战船装饰成了商船，把精兵藏在船舱里，只留少数士兵，穿上当时只有商人才穿的白衣，在船上摇船，昼夜不停，直奔南郡。

关羽留在沿途的守军，并没有发现“商船”上这些身穿白衣的人，竟然是吴军精锐，于是在不知不觉间，这些蜀军都被收拾了。

吕蒙首先抵达公安，公安城内守军发现吴军已经兵临城下，顿时目瞪口呆。吕蒙不想打旷日持久的攻城战，他直接给守将士仁写信，陈述利害，逼其投降。

士仁本来就与关羽有矛盾，不久前因为提供粮食迟缓，还被关羽训斥，关羽还扬言要收拾士仁。看到吕蒙到来，士仁见大势已去，开城投降了吕蒙。

吕蒙又率兵来到南郡，南郡的守将是糜芳。

糜芳和士仁不同，二十多年前，刘备还没有地盘时，糜芳就与哥哥糜竺一起投奔了刘备。糜氏兄弟对刘备忠心耿耿，他们的一个妹妹还嫁给了刘备，成为有名的糜夫人。所以，当得知吕蒙兵临城下时，糜芳决定奋力抵抗。

然而，当得知士仁已经投降，自己孤军难支时，在手下将领的劝说下，麋芳也选择了献出江陵，投降吕蒙。

这样一来，关羽的大本营就被攻克了，关羽无家可归了。

第七节　一代“武圣”魂归西天

吕蒙兵不血刃攻克公安、江陵，除了依靠偷袭之外，还利用了两位主将士仁、麋芳对关羽的不满。

仅仅有主将愿意投降还不行，刘备、关羽治理荆州多年，民心归附，现在突然变成了东吴的地盘，人心肯定难归附。如何安抚人心，成为非常急迫的问题。

对于关羽及其部下的家属，吕蒙将他们全部抓获，厚加抚慰。对于关羽府库中的财宝，吕蒙一毫不取，全部封存。

对于城内百姓，吕蒙下令，不得骚扰百姓，不得对百姓家有所索取。当时吕蒙手下有一个汝南籍的军士，相传是吕蒙的堂弟，拿了民家一斗笠，来覆盖官府的铠甲。吕蒙认为，铠甲虽是公家器物，但擅取民家斗笠还是犯了军令，挥泪将他斩首。于是军中震栗。

吕蒙还派人早晚慰问年长之人，关心他们的生活，补给不足。若有人生病，就送去医药，有人饥寒，就送去粮食和衣服。

刚刚遭遇大败的关羽，听说后方的公安、江陵已经落入孙权之手，他真的慌了，下令全线撤军，回救荆州。

围攻樊城多日，杀了无数曹军的关羽要撤退了，要不要追击痛打关羽，曹军展开了争论。有人认为当然要追击，关羽仓皇撤退，正好可以将其活捉。

赵俨却认为："孙权趁关羽处境困难，想要偷偷断了他的后路，又顾虑关羽回兵救援，怕我军乘他们两军疲惫之机采取行动，因此与我们合作，愿为我们效力，而实际上暂在一旁随机应变，以观胜败。

"如今关羽已成为孤军，更应留下他作为孙权的心腹之患。如果穷追不舍，孙权就会改变想法，怕关羽被打败后，我军将攻击东吴，他就会为我军制造麻烦。我想魏王此时也一定在为此而深谋远虑。"

赵俨的话已不再局限于一场战役的胜利，而是着眼于三国鼎立割据的大局，曹仁听后赞赏不已，下令停止追击。

果然，远在后方的曹操听说关羽败走，唯恐众将追赶，急忙派人传令给曹仁不要追击。赵俨、曹操都是智者，他们的认识是相同的。

赵俨、曹操的目的是留下关羽，让他继续与孙权、吕蒙为敌，但此时的关羽已经失去了昔日的雄风，也失去了与孙权、吕蒙为敌的资本。

回军途中，关羽几次写信给吕蒙，谴责吕蒙偷袭荆州的行为。信使来到江陵，吕蒙热情接待，并派人带他到城中周游，让他到将士们家中去慰问。于是，有的将士家属亲笔写信，说得到了吕蒙厚待。

使者回到关羽军中，将众多亲属的书信交给将士们。将士们得知自己留在城中的妻儿老小所受到的优抚超过了平时，满腔杀回江陵报仇之心瞬间瓦解。继续进攻江陵，可能会让城内妻儿老小遭到伤害，于是，关羽手下的将士们开始陆续做了逃兵，军内人心已散。

吕蒙占据江陵不久，孙权也亲自抵达江陵。当时刘备任命的官员几乎都归降了孙权，只有治中从事潘濬称病不出。

孙权亲自登门拜访，潘濬仍涕泗交横，伏床不起。孙权以观丁父、彭仲爽等俘虏出身的楚地先贤为例安慰潘濬，又派人以手巾帮他擦脸，潘濬才下地拜谢，并将荆州军事部署详细告诉孙权，被拜为辅军中郎将。

接着，孙权任命吕蒙为南郡太守，陆逊为宜都太守，向尚未归附的夷陵、秭归等地发动进攻，并顺利攻克。至此，刘备所拥有的整个荆州全部落入孙权手中。

大哥刘备交给自己防守的荆州，竟然落入孙权之手，孤傲的关羽陷入了巨大的自责与愤怒之中。他看不起吕蒙、陆逊，他不甘心失败，他要夺回江陵，但手下将士不断逃跑，沿途又遭遇东吴军队的伏击，现在留在关羽身边的将士已经不多了，而且即使留下来的也无心再战。

无限悲凉的关羽，知道夺取江陵是不可能的了，只好率领残兵退守麦城。孙权派朱然、潘璋乘胜追击。

正逢寒冬，天寒地冻，关羽知道麦城守不住，他命人在城墙上插了很多旗帜，夜晚从城外看去仿佛上面站了很多守军。

在夜色的掩映下，关羽率领仅剩的几百人逃出麦城，然而士兵们四散逃亡。关羽只带数十名亲信，一路逃至距益州不过一二十里的临沮，遇潘璋部将马忠的埋伏。

此时，已入花甲之年又接连遭遇失败的关羽，已经没有了“万人敌”的勇武，最后被不知名的末流将军马忠擒获。不久，关羽和儿子关平就被孙权派人杀害。

就这样，一代“武圣”就此魂归西天，享年六十一岁。

从关羽进攻襄樊，到关羽兵败被杀，历时五个月。五个月内，各方相互博弈，孙、曹走在了一起，联合除掉了关羽。五个月之后，三方的力量对比发生了巨大变化：

孙权方面，他们除掉了强劲的对手关羽，夺回了荆州全部，把势力范围从湘水以东，推进到了三峡以东。

曹操方面，他们解除了襄樊之围，保住了襄阳、樊城这一战略要地。

刘备方面，损失惨重，第一战将关羽被杀，留在荆州的将士全军覆没，荆州全部丢失，诸葛亮当初在“隆中对”中提出的让刘备占领荆州、益州之后，再图中原的计划正式破产。

最后，还值得一提的是吕蒙。吕蒙“白衣渡江”时，年仅四十一岁，正值壮年。不过，他的身体并不好，经常生病。

孙权在战后召开庆功大会时，吕蒙已经病得无法参加了。是孙权派人去迎接，吕蒙才勉强参加。

孙权尽心为吕蒙治疗，每当医者给吕蒙针灸，孙权就为之难过。孙权想多看看吕蒙，又怕他太过劳碌，于是命人凿通墙壁暗中观看。如发现吕蒙吃下点东西，孙权就高兴，对手下人有说有笑；如发现吕蒙不进饮食，孙权就长吁短叹，夜不能寐。

吕蒙病情略有好转，孙权就下达赦令，让群臣都来庆贺。

尽管孙权对吕蒙照顾有加，吕蒙还是一病不起，于第二年病逝。

孙权悲痛万分，缩食减眠以示哀悼。

《三国演义》为了神化关羽，说吕蒙死在了庆功宴上，而且临死前还被关羽灵魂附体，随后七窍流血而死，这固然是小说虚构的。但吕蒙在关羽死后，一病不起，确实也增加了关羽的传奇性。

第七章

“后关羽时代”的洗牌

第一节　刘备要给关羽报仇

关羽死了，荆州丢了，这两个都是刘备无法接受的。

但刘备并没有立即出兵讨吴，因为这段时间，三国局势发生了巨大变化。就在关羽水淹七军，威震中原后不久，刘备、孙权最大的敌人曹操，于220年正月病逝。

曹操死后，曹丕不仅接管了曹操留下的权力，还于当年十二月直接接管了大汉的天下，建立魏国，登基称帝。

刘备的政治纲领是领兵北伐，匡扶汉室。现在连汉室都被曹丕取代了，为了扩大自己的政治影响力，刘备于221年四月在成都称帝。

从一个没落王孙，一步步地成为皇帝，刘备确实付出了常人无法想象的努力。即便是在称帝之后，他也没能停下来享受一下清闲的滋味，因为他要讨伐东吴。

刘备要讨伐东吴的理由有两个，一个是为结拜兄弟关羽报仇，一个是夺回荆州。在《三国演义》等文学作品中，报仇的理由被过多地强调，但实际上作为一名杰出的、喜怒不形于色的政治家，报仇这种过于情绪化的东西对刘备的影响有限，夺回战略要地荆州，才是刘备出兵的最重要理由。

刚刚称帝三个月，就要兴兵伐吴，刘备的行为在蜀汉政权内部引起了很多人的异议。就连忠心耿耿的常胜将军赵云都提出了反对，他说：“当今天下的国贼是曹操父子，并不是孙权，灭了曹魏之后，东吴孙权自然会臣服。虽然曹操已经去世，但其子曹丕篡夺皇位，引起公愤，应该利用此民愤，先攻占关中，占据黄河、渭水上游以讨伐逆贼，那么关东义士必裹粮策马以迎王师。现在咱们实在不该放置曹魏，反而先打东吴。而且与东吴的战争一旦开始，就不易停止了，伐吴并非上策。”

对于赵云的合理建议，刘备的反应是不予理睬。鉴于赵云对讨伐孙权态度不积极，这位常胜将军被留在了蜀地，没有随刘备一起东征。

不仅赵云，大将马超、魏延也没有去，他们要留下来防范魏国，因为即便曹操死了，曹魏依然实力强大，足以对蜀汉构成致命威胁。

诸位大将都没去，这次刘备所能依赖的看来只有三弟张飞了。刘备称帝，张飞被封为车骑将军，领司隶校尉，进封西乡侯。这位屠户出身的人，终于登上了人生的巅峰。

和刘备一样，张飞并没有来得及好好享受成功的喜悦，悲剧就发生了。为了配合东征，张飞接到刘备的命令，从阆中出兵江州。

张飞和关羽一样，都是“万人敌”的虎将，都忠心耿耿于刘备，但也都有自己致命的缺点。关羽骄傲自负，善待士卒而骄于士大夫，最后被吕蒙打败，败走麦城而死。而张飞则是礼敬君子而不恤身边的士卒。刘备常常告诫张飞：“你经常鞭打健儿，但之后还让他们在你左右侍奉，这是取祸之道。”

刘备的话果然应验了。

接到刘备命令，准备出发前，张飞令手下张达、范强三日内制办白旗白甲，三军挂孝伐吴。三天时间太短，二将希望延期，张飞大怒，命武士将二人缚于树上，各鞭背五十。

鞭毕，张飞以手指着二人说："来日俱要完备！若违了限，即杀汝二人示众！"

二人被打得满口出血，又要承担难以完成的任务，完不成又要被杀头。横竖都是死，不如反了吧！

当日，二人在夜里杀了张飞，带着他的人头去投奔了孙权。张飞军营送信给刘备，刘备不由得叹道："噫！飞死矣。"

不仅没有大将跟随刘备东征，谋士方面也有所欠缺。"凤雏"庞统已经死于不久前吞并益州的战争中，"卧龙"这次也没有去。

对于刘备这次失败的军事行动，诸葛亮持何种态度呢？历史没有明确的记载。刘备出发前，诸葛亮是否提出过反对的意见，史料中也没有明确的记载。

只是在刘备遭遇惨败后，史料上才记载了诸葛亮的话："如果法正还在，他一定能制止主上，使主上不要东征；即便东征，也不会遭遇如此严重的惨败。"

从这段话来看，当初的诸葛亮应该也是反对东征的。

不过，他看到刘备东征之心太决绝，自己根本无力劝阻，只好选择了沉默。当然诸葛亮也并非神仙，他不认可刘备东征，主要是基于赵云提出的理由，他没有想到刘备会遭遇后来那样的惨败。

当然，刘备东征，夺回荆州，对诸葛亮来说也有一定的意义。因为当初"隆中对"时，诸葛亮要求刘备占领荆州、益州，现在荆州丢了，他的国家战略也就难以实现了。所以，他也希望刘备能够重新夺回荆州。

不管是基于什么原因，反正诸葛亮是没有能够劝阻刘备，而他本人也被留在了成都，而由刘备率领大军大举东征讨伐孙权。

如今的刘备早已不是赤壁之战前只有一两万兵马随时会被曹操吞并的刘备了，占领益州，成为蜀汉皇帝后的刘备，实力大增，他这次气势汹汹，杀气腾腾而来，让孙权感到了巨大的压力。

第二节　曹丕被示好感动了

孙权知道，吞并荆州，杀掉关羽，刘备绝不肯善罢甘休，他必须尽早做好准备。

在军事方面，孙权把都城迁到战略要地鄂，并改名为武昌。迁都之后，就加紧修筑武昌城池，加强防卫能力。

在军事部署上，自吕蒙死后，陆逊接替了他的位置，驻守夷陵大本营；振威将军潘璋守秭归；将军李异驻守巫山；安东中郎将孙瑜驻守夷道；宋谦守枝江；昭武将军朱然、偏将军韩当守江陵；绥德将军诸葛瑾守公安。

从这一些列的军事部署可以看出，孙权把精锐都放在了对付刘备上。

那么问题来了，如果这时比蜀汉实力更强大的曹魏突然来犯，怎么办呢?

孙权当然考虑到了这一点。为了避免两线作战，他表现出了一个杰出的战略家、外交家的才能。

在战略上，当北面的曹丕、西面的刘备纷纷称帝时，孙权没有。实际上要论实力，孙权逊于曹丕，但吞并荆州之后，他的实力要强于刘备。但当刘备称帝时，孙权不仅没有称帝，而且连个王都不是，他仅仅有一个东汉“吴侯”的头衔。

“侯”自然没有皇帝威风，但这并不影响孙权是东吴的尊主，而且“侯”这个身份，更方便孙权韬光养晦，开展灵活的外交，给自己争取到更多的好处。

尤其是得罪了刘备之后，孙权开始从联刘抗曹，暂时转变为了联曹弱刘，而他这个表面上依附曹魏的“吴侯”身份也大大帮了他的忙。

怎么向曹丕示好呢?

其实，早在曹操还没死时，就表奏孙权为荆州牧，这是通过皇权的方式，肯定了孙权对荆州的合法控制权。

孙权非常高兴，立即派人向朝廷进贡，实际上是向曹操进贡，以示好于曹操，表示要臣服于他。同时，孙权还把之前俘获的庐江太守朱光等人送还曹操。

一代枭雄曹操自然知道孙权的示好并没有太多的真心，但在无力征讨江东时，这种表面的归顺，总比刘备公开的叫板要好一些。

孙权的外交才能是令人吃惊的，之前还多次开战，现在就转而进贡、归还俘虏。当然，仅仅做这些还不够，孙权又更进一步，公然劝曹操称帝，而他自己甘作曹操的臣属。

本来这种劝进的话都是由最亲近的人提出来，这次由多年的对手孙权提出来，意义就不一样了。看到孙权的信后，曹操将它展示给群臣，说："孙权这小子，竟然想把我在火炉上烤啊！"

曹操的意思很明白，他一旦称帝，必然会遭到一群东汉老臣的反对，如同架在炉子上烤，所以他不愿意接受。

其实，在封建正统社会，不管前朝有多么不好，有人取而代之，都会遭到部分老臣的反对，但这不足为虑，只要有足够实力就行，曹操显然是有这个实力的。

不过这个时候的曹操已经老了，病了，他没有精力去完成这个令他向往，又有顾虑的伟大工程了。

果然，一个多月后，曹操病逝，享年六十六岁。

曹丕掌权后，他跃跃欲试打算称帝，为了提前建立君威，他发动了南征。

对于曹丕此次南征的意图，孙权非常清楚，他不仅没有抵抗，反而遣使奉献。这让刚刚掌权的曹丕非常高兴，他在南方巡视一圈之后，就回到洛阳开始筹划他的称帝大业去了。

曹丕称帝后，孙权主动向曹丕称臣。不仅如此，他还提出将当初关羽擒获的曹军大将于禁归还曹丕。

和之前归还的朱光不同，朱光是一介文臣，而于禁则是身经百战的大将。有人就劝孙权，归还于禁对东吴固然没什么损失，但放他如同放盗，不如斩掉他，以振三军。

孙权没有接受，还是把于禁送给了曹魏。

人们常说，无事献殷勤，非奸即盗。对于比自己年长五岁的孙权的频频示好，曹丕既高兴，又疑惑。

曹丕问手下谋士刘晔。刘晔回答，孙权这样做，必然是内有急事。之前孙权吞并荆州，杀死关羽，必然会导致刘备兴兵讨伐。孙权外有强寇刘备，内部人心不安，又担心我中原地区夹击，所以才向我们主动臣服。

应该如何应对孙权的示好呢？刘晔建议，现在东吴外忧内患，我们应该趁刘备在西线进攻东吴时，派主力直接攻击东吴老巢，十天半月之内即可灭吴。一旦东吴灭亡，刘备的蜀国自然也难以久存。

平心而论，如果曹丕真的采纳了刘晔的建议，在刘备伐吴时突然从东线突袭东吴，那么东吴真的会有灭顶之灾。

幸好，曹丕没有采纳，他说："在人家刚刚臣服时，却去进攻人家，这会使以后打算臣服于我的人产生疑虑，我不能这样做。"

于是，曹丕不仅不打算进攻东吴，还决定晋孙权为"吴王"。

刘晔非常着急，对曹丕说，如果迫不得已接受孙权归降，最多封他个将军，十万户侯就可以了，却不可封他为王。王位距离天子就只有一个台阶。让他当侯，江南士民和孙权就没有君臣之间的道义。如果我们相信他的假降，就封他为王，给位号，将孙权和东吴人民定位为君臣，是给老虎添加羽翼。

孙权接受王位，退了蜀兵之后，他肯定会表面用重礼礼侍我国，使东吴的人们都知道，但也会暗暗的用无礼的态度来激怒陛下。如果陛下赫然发怒兴兵讨伐，他便会告诉东吴的人民说："我委身侍奉魏国，不爱惜珍货重宝，随时都有贡献，不敢失去做臣子的礼节，现在魏国没有缘故地讨伐我，必是想要伤害我东吴，俘虏我人民的子女作为僮隶仆妾。吴民没有原因会不信他的话，信了就会感到愤怒，他们上下同心地作战就会厉害十倍了。

刘晔的这个分析和预测，后来的事实证明是正确的，但曹丕不仅没有采纳，还决定继续拜孙权为大将军，封吴王，加九锡。

九锡是天子赐给诸侯、大臣有殊勋者的九种器用之物，如同赋予了他一人之下万人之上的最高礼遇，历史上很多篡权称帝的人，大都经过了这一步。

一下子给了孙权如此多的封赏，显然是孙权的频频示好，打动了刚刚继位的曹丕，他希望通过破格封赏，让孙权永远臣服于自己。

第三节　天才的战略家、外交家

220 年十一月，曹丕的特使邢贞抵达东吴，宣布了曹丕对孙权的封赏，除了大将军、吴王、加九锡，还有持节督交州领荆州牧。

曹丕对孙权的封赏，几乎达到了人臣的极限，但东吴很多大臣依然不满。因为之前给孙权加封“吴侯”，虽然实际上是曹操操作的，但名义上毕竟是出自东汉朝廷。东汉朝廷再弱，东吴依附东汉都没有问题。

这次加封是出自曹丕，东吴一直骂曹操父子是“汉贼”，现在怎么能接受“汉贼”的封赏呢？

所以，有人建议孙权不要接受曹丕的封赏。

孙权向这些大臣解释，之前汉高祖刘邦也曾经接受过项羽晋封的汉王，这不过是权宜之计罢了，对我们东吴有什么损失呢？

孙权真心愿意接受曹丕的封赏吗？当然不是。

事后，孙权曾向大臣们解释过，刘备当年大举来犯东吴，我委任陆逊等人据守抵抗。得知曹丕前来封赏，当时我并不想接受曹丕的节制，但如果我拒绝封赏，这将导致曹丕感到受辱，迅速发兵讨伐我们。我们两面受敌，会加重我们的困难。不得已，我只好接受曹丕的封赏。

显然，孙权是为了整个战略的考量，才被迫忍耐下来，接受封赏的。

另外，由侯晋王，也是一大跨越，这既有利于保持与刘备、曹丕两个皇帝的平衡，也对以后孙权的称帝有促进作用。所以，孙权接受这次封赏是利大于弊的。

然而，作为曹丕的特使，邢贞抵达东吴后非常傲慢。

得知邢贞到了，孙权亲自出都亭等候。见面之后，邢贞脸上露出骄横跋扈的神情。一旁的大臣张昭见状大怒，大将徐盛也十分气愤，对身边的同僚们说：“我们不能奋身出命，为东吴吞并许昌、洛阳、巴、蜀，反而让主君和这个邢贞会盟求和，实在是耻辱！”说着，不禁泪流满面。

特使的车马进入宫门时，刑贞更绝，竟然不下车。张昭实在看不下去了，他对刑贞说：“礼节没有不恭敬的，故此法律也没有不施行这一点。而你胆敢妄自尊大，难道是认为江东势弱，连 把用来执法行刑的小刀也没有吗？”

邢贞慌忙下车。

看到徐盛、张昭的表现，邢贞对随行人员说道：“江东有这样的将相，恐怕不会久居人下啊！”

得到封赏之后，按礼应该挑选使者去曹丕那儿表示感谢。孙权挑选的使者叫赵咨，这个人博闻多识，善于辩论，因为这次出使而名载史册。

赵咨见到曹丕后，曹丕态度傲慢地问道：“吴王是什么样的君主？”

赵咨作为东吴的使者，当然不能有失尊严，便很有分寸地回答道：“吴王是位有雄才大略的人，重用鲁肃证明了他的聪慧，选拔吕蒙证明了他的明智，俘虏于禁而不杀证明了他的仁义，取荆州而兵不血刃证明了他的睿智，据三州虎视四方证明了他的雄才大略，向陛下称臣证明了他很懂得策略。”

曹丕又问：“吴主颇知学乎？”

赵咨回答：“吴主浮江万艘，带甲百万，任贤使能，志存经略，虽有馀间，博览书传历史，藉采奇异，不效诸生寻章摘句而已。”

曹丕问：“吴可征不？”

赵咨回答：“大国有征伐之兵，小国有备御之固。”

曹丕问：“吴害怕魏吗？”

赵咨回答：“吴主带甲百万，据江汉天险，何必怕人家？”

曹丕对赵咨的回答非常满意，他问：“在东吴像你这样的人有多少？”

赵咨回答：“聪明特达者八九十人，如臣之辈，车载斗量，不可胜数。”

听到如此得体的外交辞令，魏国朝廷上下都对赵咨肃然起敬。曹丕也连声称赞说：“使于四方，不辱君命，先生当之无愧。”

赵咨的回答令孙权也非常满意。赵咨回到东吴后，就被封为骑都尉，并由此受到了孙权的赏识和重用。

和孙权相比，刚刚继位的曹丕在政治上是稚嫩的，当然曹丕也还没有稚嫩到傻的程度。他自然知道孙权的臣属只是口头上的，为了进一步控制孙权，他提出晋封孙权的儿子孙登为万户侯，并让孙登到洛阳受封。

孙登是孙权的长子，孙权对他疼爱有加，一旦把他送到洛阳，就如同成为人质，不仅安全得不到保障，还会影响到孙权以后的决策，所以孙权绝不会干这种傻事。

他一面立孙登为世子，一面以孙登年幼为由婉拒，并派出特使沈珩前去洛阳对曹丕表示感谢。

和上次挑选赵咨一样，孙权这次挑选的沈珩又非常成功。

拜见曹丕时，曹丕问：“东吴讨厌魏军向东扩张吗？”

沈珩回答：“不讨厌。”

曹丕问：“为何？”

沈珩说：“吴国凭借旧日与魏国的交情，相信很快可以言归于好，自然没有意见，假使曹魏破坏了关系嘛，那自然另有戒备。”

对于孙登没来的事，曹丕依然耿耿于怀，他问：“我听说孙登应该要来了，这是真的吗？”

沈珩回答说：“我在东吴不参与朝会，也不参加各种宴会，如果有这个讨论，我也没听说过。”

曹丕认为沈珩应答有理，在此后的一段时间里，他经常与沈珩讨论，沈珩应对自如，无所屈服，令曹丕非常满意。

沈珩完成这次出使任务回到东吴后，被孙权晋封为永安乡侯。

孙登的质子事件结束之后，曹丕依然不满，他派出使者到东吴，要求孙权进贡明珠、象牙、翡翠等名贵物品。

曹丕的贪婪引起了东吴大臣的反感，他们提出，荆州、扬州向朝廷进贡的物品有典可循，现在曹魏提出的这些名贵物品不符合礼仪，不应该给他。

孙权向这些大臣解释道：“刘备正在西北讨伐我们，江东百姓依赖我们保护，我们现在需要集中精力对付刘备。曹丕所索要的这些东西如同瓦石，没有什么值得珍惜的。”

于是，曹丕的索要得到了满足。

孙权的委曲求全和灵活外交，为孙权赢得了与曹魏的暂时和平，这为他接下来集中所有力量对付刘备提供了条件。

第四节 刘备竟然将军营连在一起

和孙权一样，刘备本人也不擅长亲自指挥作战，没有了诸葛亮、庞统的运筹帷幄，没有了关羽、张飞、赵云等勇将的辅佐，刘备的这次东征，注定难以成功。

不过，此次刚刚称帝的刘备亲率六万大军，从长江上游顺流而下，气势非常威猛，在巫县一举击败东吴守将李异，然后继续前进，抵达秭归。

出发时，治中从事黄权劝谏说："吴人彪悍善战，而我军又水路出兵顺流而下，易进难退，为臣乞请您让我为先头部队去试探敌人虚实，陛下应当在后面坐镇。"

此时的刘备是骄傲的，他认为自己可以摧枯拉巧之势击败孙权，无须采纳黄权的计策。于是，他任黄权为镇北将军，督领江北军队防御魏国出兵，而自己则亲率大军继续东进。

大军抵达夷道，遇到了孙权的侄儿孙桓的抵抗，刘备在夷道外的猇亭设置大本营，并指挥蜀兵围攻孙桓。

在双方将领安排上，蜀军都督为冯习，前部督为张南，辅匡、赵融等为别督。从这些人名可以看出，蜀国那些赫赫有名的战将一个都没有。

而东吴则不同，吕蒙死后，陆逊接替了吕蒙。为了更好地发挥陆逊的指挥作用，孙权不仅任命陆逊为大都督，还允许陆逊持节指挥各路将领作战。

在双方兵力对比上，刘备是六万，陆逊是五万。此外，武陵一带的蛮夷愿意出兵相助刘备，刘备派马良前去安抚，并用金银锦缎和爵位，引诱鼓动各夷人部落出兵相助，让蜀军声势大振。

在地势上，刘备属于上游，东吴属于下游。

此外，蜀军还有一个优势，即皇帝御驾亲征。

面对蜀军的优势，陆逊采取主动后撤，诱敌深入，集中兵力，相机破敌的方略，令部将撤退至夷陵、猇亭一带，把数百里的峡谷山地拱手让给刘备，以使刘备率领的蜀军战线拉长，露出破绽。

刘备安营完毕后，希望能够尽快与东吴主力决战，他率主力隐蔽在山谷中，只派出吴班率领几千人向东吴发起挑战。

东吴诸将都想迎战，只有大都督陆逊反对："蜀军的这一举动必定有诈，暂且看看情况再说。"

不过，此时的东吴将领还没有发现陆逊的才能，他们更多的是认为陆逊怯战。但陆逊是大都督，持节，诸将即便不服也只好忍耐。

陆逊坚守不出，刘备没有好的攻克办法，两军僵持了六七个月，战争的天平开始向东吴倾斜。

一是士气。因为蜀军是进攻方，气势汹汹而来，士气很旺，拖了五六个月之后，这股气势早就消耗掉了，开始变得焦躁、低落起来。

二是变水军为步军。六月的江南，正值酷暑时节，暑气逼人，蜀军将士不胜其苦。刘备无可奈何，只好让水军舍舟转移到陆地上，把军营设于深山密林里，依傍溪涧，屯兵休整，准备等秋后再发动进攻。

三是补给。打仗就是打钱，大炮一响，黄金万两。在运输条件很差的三国时代，六万大军在外作战，后勤补给也是一项浩大的工程，旷日持久足以拖垮一个国家。

局势的变化让陆逊发现了战机，他上疏孙权，准备发动反击。东吴将领好奇地问："攻打刘备应在开始时，如今竟让他深入五六百里，相互对峙已有七个多月，他的各要害都防守严密，攻打他必定没有收益。"

陆逊分析道："刘备是个狡猾的敌人，经历的事很多，他的军队刚集结时，他考虑周密用心专一，不能触犯他。现在他驻军长久，没有占到我们的便宜，军队疲惫，士气沮丧，无计可施，夹击此敌，正在今日。"

于是，在陆逊的推动下，东吴先攻打一个营寨，但没有取胜。众将领都说："这是白白让士兵送死罢了。"

陆逊却胜券在握地说："我已经知道攻破他们的办法了。"

在这里，需要交代一下刘备部署营寨的方式，这是陆逊能够大胜、刘备遭遇惨败的关键所在。

刘备设置营寨的方式，与蜀国对陆逊的轻视有一定的关系。

尽管在不久前吕蒙擒获关羽时，陆逊曾经表现出了不凡的智慧，但仅有孙权、吕蒙等极少数人知道详情。所以，陆逊接替吕蒙出任大都督时，就连东吴很多将士都不服，孙权让陆逊持节也是这个原因。

刘备和那些东吴将领一样，也没有把陆逊这个白面书生放在眼里，在安置营房时，他在夷陵东西一线安下了许多营寨。

蜀军的营寨连绵不绝，为陆逊的放火提供了条件。

第五节　新生代打败“老一辈”

陆逊命令东吴将士每人拿一把茅草，抵达蜀国兵营外，用茅草将蜀营点燃，然后发兵攻击。

陆逊的此次进攻不再是试探性的，而是全面性的，他指挥东吴军队几乎是倾巢而出，对蜀国几十个兵营同时放火，全线出击。

漫天大火，杀声震天，蜀军一下子就崩溃了。大将冯习、张南被杀，杜路、刘宁等将领和几万蜀兵投降，刘备只带领少得可怜的士兵，匆忙逃到了夷陵西北的马鞍山上。

陆逊属于那种静如处子，动如脱兔的狠角色，火烧连营大获全胜之后，他没有给刘备任何喘息的时机，直接指挥军队对刘备隐蔽的马鞍山发动围攻。

刚刚聚集起来的如惊弓之鸟的蜀兵无心恋战，瞬间崩溃，刘备率领少数人马连夜突围，靠破坏后面的道路，才侥幸逃脱。

蜀军崩溃之后，被围困在夷道的孙桓得以解脱，他和陆逊一起追赶刘备。二十五岁的孙桓奋力厮杀，刘备带领的精兵全部被击退。刘备看到情况不妙，狼狈得想要逃走，孙桓前去拦截刘备逃跑之路，差一点就将之生擒。

刘备逾山越险，这才得免，他忿恚地感叹道：“吾昔初至京城，孙桓尚小儿（当时孙桓仅十一岁），而今迫孤乃至此也！”

一路奔逃，刘备终于抵达了位于今天重庆奉节的白帝城。

这个时候，一个巨大的机会摆在了东吴面前，那就是蜀国皇帝战败，孙权正好可以乘胜西进，一举擒获刘备。

面对很多激进将领的建议，孙权也有些心动了，他咨询陆逊的意见。陆逊认为，北方的曹丕已经集结军队，尽管表面上说是帮助东吴讨伐蜀国，实际上却包藏祸心，很可能乘东吴西进时，进攻东吴。

陆逊的建议令孙权感到了阵阵寒意，他不敢再令东吴军深入蜀地，而是下达了撤退的命令。

孙权的撤退，给了刘备以喘息之机。他赶紧调大将赵云前来增援，被擒获的危机算是解除了。

之后，刘备开始正视这场大败后的代价，冯习、张南、马良等诸位蜀国武将文臣死的死、降的降，几万蜀兵精锐葬身夷陵，蜀国的舟船、器械等水陆各军物资，几乎损失殆尽。

刘备非常羞愧愤恨地说：“我竟然被陆逊打败而蒙羞，难道不是天意吗？”

刘备败于陆逊当然不是“天意”。

从外部局势来说，孙权委曲求全，臣服于曹丕，为东吴避免了两线作战的环境。从整个战争过程来看，刘备骄傲轻敌，竟然将四五十座军营布置在一起，为陆逊火烧连营提供了条件。当然，最主要的还是陆逊，面对刚刚抵达的蜀军，他避其锋芒，诱敌深入，等到蜀军士气低落时，他后发制人，果断出击，一举击败了刘备。

战后，孙权和诸位东吴将领议论这场战争，他才得知战前很多将领不服陆逊。孙权问陆逊："你当时怎么不上告呢？"

陆逊则说："我深受国恩，所负重任超越自己的实际能力。况且这些将领或是陛下亲信，或是我军勇将，或是国家功臣，都是国家理当依靠来共同建立大业的人。为臣虽说笨鲁懦弱，心中暗慕蔺相如、寇恂谦虚居下的道义，以成就国家大事。"

孙权听后，大笑称赞，加拜陆逊为辅国将军，领荆州牧，封江陵侯。

这一战，陆逊收获很大，不仅加官晋爵，更重要的是，这一次火烧连营，令陆逊一战成名。东吴诸将开始敬服陆逊，陆逊的统帅地位开始正式建立起来。

尤其值得一提的是孙桓，这个孙氏宗亲起初是看不起陆逊的。

刘备东征之初，孙桓分兵到夷道讨伐刘备的前锋，结果被刘备军所包围，他非常着急，只好向大都督陆逊求救。

陆逊说："不能去救。"

诸将奇怪地问："孙将军是公侯，身份显贵，现在被蜀军包围，处境已经很困难，为何不救？"

陆逊说："孙将军在士兵中很得人心，且城池牢固，粮草充足，没什么值得担忧的。等我的计策实行了，即使不去救他，他也会自然解围。"

等到陆逊的策略实行后，刘备军果然崩溃，孙桓之围自然也就解除了。孙桓见到陆逊时说："之前你不肯救援我，我确实埋怨过你。现在胜局已定，我才知道你果然调度有方。”

有人大获全胜，就会有人遭遇惨败。不过，刘备的这次惨败太大了，六十二岁的他，戎马一生，刚刚登上帝位，本来想亲率大军东征，给二弟、三弟报仇，没想到一下子被四十岁的陆逊给完虐了。

英雄一生的他，没想到晚年竟然会遭遇如此打击。从此，他郁郁寡欢，并于次年三月病逝于白帝城。

刘备一惨败，孙权就意识到孙刘两家的关系进一步恶化了，面对强大的曹魏，他不敢让这个关系继续恶化下去，所以在刘备败退到白帝城不久，孙权就派出使者到白帝城求和。

尽管刘备倍感屈辱，但北有强魏，自己复仇无望，他只好无可奈何地同意与东吴议和。三国鼎立的局面，就这样暂时维持下去了。

第八章

外交斡旋，联蜀抗曹

第一节　成功戏耍曹丕

平心而论，比曹丕年长 5 岁的孙权要成熟得多。而且孙权这个人在外交上能屈能伸，非常灵活，所以刚刚继位的曹丕被孙权戏耍就在所难免了。

猇亭之战前，孙权为了集中力量对付刘备，他表面上假装归附曹丕。曹丕虽然知道孙权含诈，但归附总比不归附强，于是愉快地接受了。

东吴在猇亭大败刘备后，作为战胜的“臣属”，孙权自然要向“主子”曹丕报喜。曹丕并不希望东吴取得大胜，他期望的结果是吴蜀双方长期内耗，都付出很大代价，这才对自己有利。像陆逊这样一举重创刘备，曹丕不仅没有想到，也不愿看到。

但事实已经发生，作为“主子”的曹丕只好假装很高兴，下诏表扬孙权，并鼓励他再接再厉，继续打击敌人。

孙权会听命曹丕继续打击敌人吗?

当然不会。猇亭一战，蜀国失去了和东吴叫板的实力，他没有必要再继续进攻这只病猫了，而是要联合这只病猫，共同抵抗强大的魏国。所以，孙权表面上爽快地同意继续讨伐蜀国，实际上却在试图修复吴蜀之间的关系。

对于孙权的阳奉阴违，曹丕很是不满，他又使出了一招——要孙权送质子。这一招从孙权刚刚继位时，曹操就提过，被孙权推掉了。

不久前，曹丕打算封孙权为吴王时，又提出让孙权送质子，曹丕不确定孙权是否接受，就找来了两个人——浩周、东里衮，询问二人的意见。

这两个人并不是什么大谋士，而是当年于禁的护军和军司。于禁被关羽擒获时，这两个人也成了关羽的俘虏。关羽战败，二人和于禁一起归附了孙权。为了示好于曹丕，孙权把二人送还给了曹丕。孙权是位出色的政治家，送两人北归时，他好好招待，并当众表达了对曹魏的忠心，说得非常诚恳。

曹丕见到浩周后，问："孙权是不是可以信赖呢？"

孙权当初的表演征服了浩周，他告诉曹丕，孙权是可以信赖的，一定臣服。

而东里衮则认为，孙权一定不会臣服。

两个经历相似的人，却说出了截然不同的观点，曹丕信哪一个呢？当然是他最希望的那个，即浩周的。

曹丕一厢情愿地认为，浩周说得非常对，是真知灼见，所以他同意册封孙权为"吴王"，并派浩周到吴国。

见到孙权后，浩周对孙权说："陛下（曹丕）不相信大王会派儿子入京担任侍卫（人质），我便用全家百口人命为您担保。"

孙权非常感动，涕泗交集，沾湿衣襟，而且指天发誓，一定会把儿子送入京城。

显然，孙权所发的誓并不可靠。浩周返回首都洛阳后，孙权的儿子却没有来。此时的孙权正在准备迎战气势汹汹而来的刘备，所以孙权并不敢公开拒绝送质子，他只是一味花言巧语，左推右拖。

和普通人的推托不一样，孙权的推托是给曹丕更大的许诺。他写信给魏国，说十二月时他不仅要送质子到魏国，还会派出孙邵、张昭陪质子一同到许都。孙权更进一步地表示，希望给儿子在许都找个媳妇。

我们知道，张昭是东吴第一重臣，而孙邵则是东吴首位丞相，把自己手下最重要的两个大臣连同太子，一起送到许都，自然是不可能的。

但曹丕竟然相信了，他认为孙权害怕不能自保，必须交出质子才能自保。现在又要为儿子到许都求亲，这表明孙权是没有二心的。

对于孙权的话，魏国大臣自然不信，魏国“三公”一起上疏曹丕，提醒他谨记当年西汉诸王发展壮大，成尾大不掉的教训。建议对孙权罢官削爵，逮捕治罪，胆敢不从，直接发兵征讨。

显然，这个主张过于激进了。曹丕对孙权的归降还心存幻想，他希望争取一下，让孙权派出质子，一切就都好办了。

猇亭之战后，曹丕再次派出使者到吴国，要求孙权兑现承诺，交出质子。此时的孙权已经重创刘备，西线的蜀国已经够不成威胁，他可以专心对付北面的魏国了。所以，在魏国使者的催促下，孙权干脆明确表示，我不送儿子给你们做质子了。

曹丕愤怒了，折腾了这么久，居然让孙权给耍了！

第二节　迎战曹丕三路大军

天子之怒，四海震恐，流血漂杵！

感到遭到了孙权的戏耍，又感到东吴的问题必须付诸军事行动方能解决，曹丕调兵遣将，准备武力讨伐孙权。

三国是个战略家辈出的时代，不仅有“隆中对”的诸葛亮，“吴中对”的鲁肃，还有在曹魏这边历仕三朝的刘晔。

在曹操后期，刘晔数次献计，事后都证明他是正确的，不过，这些具有战略意义的计策有相当多没有被曹操采用。

曹丕掌权后，情况依然没有大的改变。就在不久前，孙权为了全力对付刘备来犯而被迫向曹丕臣服时，刘晔对曹丕说，孙权并没有臣服之心，这次只是逼不得已才称藩。我们应该乘虚领兵攻灭东吴，以绝后患。但曹丕不同意。

这一次，曹丕感觉遭到了孙权的戏耍而决定发兵讨伐孙权，刘晔再次建议，东吴在猇亭之战中大胜蜀汉，现在东吴上下一心，而且有长江天险，仓促进攻，必然难以成功。

曹丕又不听。

伟大的战略家就是这么孤独和郁闷！

222年九月，中原大地天气开始转凉，曹丕部署三路大军伐吴。东路：曹休、张辽、臧霸率军出洞口；中路：驻扎合肥的曹仁出濡须；西路：曹真、张郃、徐晃出江陵。

从这三路大军的主帅名字可以看出，这次曹丕是动真格的了。孙权感到了明显的压力，他派吕范在东路抵抗曹休，朱桓在中路抵抗曹仁，诸葛瑾、潘璋在西路抵抗曹真等。

孙权在外交上是个能屈能伸的人，部署完三路抵抗大军后，孙权还是感到压力山大。有压力怎么办？当然是“屈”。

孙权非常谦虚地给曹丕上疏，希望得到原谅。不过在书信的结尾，孙权也略带强硬地表示，如果你曹丕不肯原谅我，那我就奉还土地和人民，请让我寄命于江州，以终余年。

孙权绵里藏针，他希望得到曹丕的谅解，如果你曹丕不肯原谅我，我死都不怕，还怕你什么。

曹丕自然知道孙权的请罪并非出自真心，但既然提出了请罪，曹丕就想再试探，或者更确切地说是想继续争取一下孙权。

他回信说，自我封你吴王以来，你不断向朝廷进贡，你凭借朝廷的支持，才得以大败刘备。

我与你的君臣名分已定，自然不会随便讨伐你。三公罗列你的不臣之心，建议发兵讨伐你，我希望他们说的是假的，就派出使者到东吴犒赏你，并与你讨论质子的事，没想到遭到了你的拒绝。

现在你又上疏向我请罪，诚意款款，我现在正式下令给前线将士，暂停对你的进攻。一旦你将质子孙登交出，我们立刻撤军。

对于孙权来说，进贡品，表面上臣服，这些都可以商量，但交出儿子做质子，免谈！于是，外交努力失败，孙权不再使用曹魏帝国的年号，直接改用自己的年号“黄武”，双方关系公开破裂。

这一轮外交努力下来，一个多月过去了，十一月，曹丕亲临宛城督战，战争不可避免地爆发了。

在东路，主帅曹休假黄钺，督前将军张辽、镇东将军臧霸、豫州刺史贾逵等及诸州郡二十余军发动进攻。孙权派遣建威将军吕范指挥五路大军，以水军的优势抗击曹休。

曹休当时壮志满怀，盼望建立功勋，于是上疏曹丕说：“臣愿率领精锐之师即刻渡江，大军虎步踏平江南，从敌人那里夺取粮草补给，则一定可以取得胜利。如果臣殒命疆场，请陛下不要挂念。”

曹休的这个计划过于大胆，孤军进入江南，一旦战事失利，后面有长江天险阻挡，难以撤退回来，结果要么被孙权消灭，要么投降孙权。所以，即使曹休愿意冒这个险，手下的臧霸等人也不愿孤军犯险，曹丕也没有准许，因此计划搁置。

两军对峙开始，天气倒是帮了曹休一次大忙。

吕范所率领的大多是水军，不久后，暴风正好吹断了吕范船队的所有缆绳，被吹散的吴军船只纷纷漂到曹休等人的营垒前。

送上门的机会岂能错过！曹休趁机下令出战，斩杀吴军数千，取得大捷。

曹丕发现机会来了，下令曹休率领军队立即渡江。但东吴的救援船队很快开至，收拢了散卒后退还江南。

曹休命令臧霸率领万余人乘轻船五百追击，攻袭徐陵，杀吴军数千人。随后，吴将全琮、徐盛率军反击，攻破魏军，追斩魏将尹卢，杀获数百。

东路的作战中，曹休斩杀东吴上万兵力，算是曹魏方面取得了胜利。不过东吴方面，阻止了曹魏兵力进入江南，也算是取得了战略上的小胜。

第三节　中路、西路的交锋

在中路，双方的主帅是魏国的曹仁对东吴的朱桓。

在三国初期老一代的名将逐渐凋零的后三国时代，曹仁、朱桓算是当时响当当的名将了，所以这次战斗不仅激烈，而且是一场主将能力的较量。

曹仁率几万骑兵气势汹汹而来，打算袭击濡须，不过他玩了一下声东击西，先假装要向东攻打羡溪。

朱桓非常紧张，赶紧分兵赶赴羡溪。部队出发后，突然得知曹仁进军濡须，而且曹军已经只有七十里了。

朱桓急忙派遣使者追回赶赴羡溪的部队，但部队尚未赶回，曹仁已经突然来到。当时朱桓手下以及附近部署的士兵只有五千人，诸将心生畏惧。

这个时候，战前动员变得非常重要。

朱桓发表了自己的战前演讲：

两军对阵，胜负在于将领的能力，而不在于士兵的多寡。你们听闻曹仁的用兵，怎么能和我朱桓比呢？

兵法所说防守方只需半数兵力就可以抵挡数倍敌军，这指的是平原作战，没有城池作为守备的情况下，胜负取决于士兵是否勇敢、进退是否一致。

现在曹仁既没有指挥才能，也不勇猛，况且他的士卒十分胆怯，又千里迢迢，长途跋涉，人马疲倦困乏，我朱桓和诸位将军，一起据守高大的城墙，南面濒临大江，北面倚靠山陵，以逸待劳，以主制客，这正是百战百胜的战局。

别说他曹仁，就是曹丕亲自前来，尚且不用忧虑！

朱桓的这番演讲非常成功，东吴士气大振。

鼓舞完士气之后，朱桓心想，曹仁用了一招声东击西，自以为取得了成功，一定心存轻敌的念头。于是将计就计，故意偃旗息鼓，让曹仁觉得东吴显得十分薄弱。

曹仁果然中计，他派遣其子曹泰突袭濡须城，又派遣将军常雕督领诸葛虔、王双等人，早晨乘坐油船袭击中州；而曹仁则亲自率领一万人留在橐皋，作为曹泰等人的后援。

因为早有准备，朱桓的反击非常顺利，他统率兵将攻取油船，又另外派兵攻击常雕等将，随后又亲自抵御曹泰，火烧其营寨击退了他们。

这一战，朱桓大胜，斩常雕，生擒王双。战斗中，曹魏方面被斩杀或溺死的有一千多人。

在西路，曹真、夏侯尚、张郃等将攻打江陵，连建数个军营围城，曹丕甚至亲自到宛城驻守，为其作援。

看到江陵城危，孙权立即派遣孙盛率领一万人在州上防备，建立围坞，作为朱然的外部救援部队。

江陵城防坚固，一时难以攻克，但攻克州上则容易得多了。曹真派出张郃进攻孙盛。张郃在三国中算是一等一的名将，孙盛哪里是对手，他无法抵挡，只好老实撤军。

看到孙盛不行，孙权又派出潘璋、杨粲等将给江陵城解围，但依然失败。孙权很无奈，江陵能否守住，只好凭借城内的朱然了。

当时城内的情况怎么样呢?

非常糟糕！城内只剩下五千多兵力，而且更要命的是很多士兵都患上了肿病，战斗力下降。

不过幸运的是，东吴方面虽然情况很糟，但他们有一位非常厉害的守将——朱然。当时曹真等人筑起土山逼近城墙，一时间，江陵城内箭如雨下，将士们都惊恐失色。作为主帅，朱然镇定而无惧意，他激励士卒，趁敌军出现战术漏洞时攻破了敌军的两个军营。

就这样，凭借着朱然坚强的意志，江陵在曹真的不断进攻下，依然掌握在东吴的手里。

城外的进攻旷日持久，朱然意志坚强，并不代表下面的人没有异心。当时，负责守备北门的江陵令姚泰见魏军势大，守军力穷粮短，贪生怕死的他当了可耻的叛徒。他与魏军私下联系，准备作为内应献城。

江陵危在旦夕，幸好朱然明察秋毫，发现了姚泰叛变的迹象，立斩之！自此，江陵城军震肃，众志成城，成功守了江陵六个月。

在西线，朱然只是驻守江陵，而东吴真正的大将是诸葛瑾。当时，接到孙权救援江陵的命令，诸葛瑾与夏侯尚隔江对峙，诸葛瑾带兵渡河到了江中小洲，而将水军分散在附近江面上。

当时，夏侯尚认为江水水浅，为了大规模运送兵力，他打算用船把士兵运到中州屯驻，然后制作浮桥，让南北相连，往来方便。夏侯尚的建议得到了很多将领的认可，认为此举可以一举攻克江陵。

夏侯尚的计划开始实施，他分出三万兵力造浮桥，魏国每日都有士兵陆续渡到百里洲上，令东吴军队有些畏惧。

这时有“江表之虎臣”之称的潘璋对诸葛瑾说：“现在魏军势力强大，江水又浅，我们暂时只能坚守，不可以与他们决战。”

坚守自然也不是完全被动的坚守，潘璋率领部分吴军到江水上游五十里建立水城，又准备了数百万芦苇，将其捆成捆，再绑成筏子。

上游，芦苇筏子！显然，潘璋是要让芦苇筏子顺流而下，焚烧夏侯尚的浮桥。

幸好董昭及时发现了问题，他对曹丕说，当年魏公曹操智慧过人，用兵都十分谨慎，不敢轻视敌人。现在夏侯尚把军队驻扎在洲渚中，已经深入敌军了；我军靠浮桥渡江，非常危险；士兵往来只靠一条道，而且十分狭窄。以上三种情况是兵家大忌，而我们竟然都实行了。如果敌军攻击浮桥，并取得成功，那么驻守在洲渚中的我军精锐将无法返回，都会变成吴国俘虏。

此外，夏侯尚的做法所凭借的是江水水浅，一旦江水暴涨，我军怎么办？我军是来进攻江陵的，到时不仅不能攻克江陵，恐怕连我们自己都要被击溃。

曹丕听了董昭的话，非常心惊，他赶紧命令夏侯尚立即撤出来。

吴军立即分两路向魏军发动攻击。果然就像董昭预测的那样，魏军只能利用浮桥这一条道撤退，撤退速度很慢。这正好给了吴军围杀魏军的机会，只有他们将领和部分士兵侥幸逃脱，很多士兵则死的死，降的降，魏军损失惨重。

魏军撤出的十多天后，江水果然暴涨，董昭的判断再次被验证。曹丕非常后怕，他称赞董昭有张良、陈平那样的见识，就算张良、陈平遇到这种情况，也不一定比你预测得好。

曹丕三路大军气势汹汹而来，除了东路有点战绩外，中路、西路都是失败的，只好无功而返。

第四节　弃前嫌，和好西蜀

自从与魏国撕破脸后，孙权就感到来自北方的压力很大，曹丕的三路进攻，更是让孙权感到了魏国的强大，为了减轻压力，就必须联合蜀国。

其实，早在猇亭之战前，刚刚称帝的刘备就曾写信给孙权，让孙权承认自己的帝位。孙权正向曹丕称臣，所以没有搭理刘备。

猇亭之战后，刘备逃到白帝城，孙权派出使者郑泉出使西蜀。战败后的刘备依然不忘旧事，他问郑泉当初孙权不予回信，是不是认为我刘备称帝不合适？

郑泉理直气壮地回答，现在曹操父子操控汉室，你身为皇族，有责任保卫汉室。现在你不去讨伐曹操，反而自封为王，不符合天下人对你的期望。所以我的主公没有回信。

一直以匡扶汉室为口号的刘备，听到这番话后，非常羞愧。

尽管如此，猇亭一战令蜀国元气大伤，刘备根本无法与孙权叫板，相对来说，他比孙权更需要结盟，所以战败后的刘备接受了孙权伸出的橄榄枝。

后来，得知曹丕三路大军伐吴，刘备写信给陆逊说，曹魏大军已抵达江陵，我将率领西蜀士兵东征，你认为合适吗？

陆逊——这个刚刚击败刘备的人，毫不客气地告诉刘备，你们刚刚战败，疮痍未复，寻求和平才是当务之急，竟然还有心思穷兵黩武？如果你执意东征，只有死路一条。

陆逊的直言不讳，令刘备愤怒又无奈，西蜀的情况他心里很清楚，根本无力东征。幸好，孙权不断派出和平使者，刘备也失去了继续征讨东吴的借口，他在暂时的和平中度过了最后的岁月。

刘备活着时，孙权虽然不断派出使者，但两国也仅仅是结束战争状态而已，距离同盟关系，还相差很远。

刘备死后，两国的关系有些微妙，为了共同的敌人——曹魏，两国都有和平的意愿。但蜀国心里憋屈，荆州被东吴吞并了，大将关羽被东吴杀了，皇帝刘备也被东吴重创，屈辱而死。

如此大的仇恨，怎么能与之和好呢？

然而，政治决策最大的依据是既定事实。刘备死后，刘禅继位，而根据刘备的遗诏，蜀国的大小事务都由诸葛亮决定，诸葛亮才是西蜀的真正主宰。他要比刘备有战略眼光，也比刘备务实。

当时，刘备刚死，西蜀内部不稳，士气低落，境内南中地区的雍闿又发生叛乱，诸葛亮急得焦头烂额。

一直宣称和平的孙权，趁机任命雍闿为永昌太守，还任命刘璋的儿子为益州刺史，屯驻益州与交州的交界处，显然孙权要把自己的势力深入南中地区。

看到了诸葛亮的艰难，曹丕也心动了，他们命令东汉的遗老华歆、王朗等人，给诸葛亮写信，劝他认清局势，归附曹魏。

和孙权灵活的外交不同，西蜀在降曹这个问题上，表现出了坚定的立场。诸葛亮没有给东汉遗老回信，而是写了一篇浩气凛然的《正议》，表明西蜀才是汉朝正统，与篡夺汉权的曹魏势不两立。

既然与魏国公开决裂，国内又有叛乱，诸葛亮只能忍辱负重地与孙权和好。

但一个难题摆在了诸葛亮的面前，主动去与孙权和好，刘备、关羽的仇可以不提，但荆州问题呢？因为荆州之前是蜀国的，硬被东吴吞并了，西蜀一直声称对荆州的主权。一旦承认荆州属于东吴，西蜀就要真的失去荆州了。但不承认荆州归属东吴，两国的关系又难以真正恢复。

为了摆脱眼前艰难的局势，思量很久之后，诸葛亮决定承认荆州归属东吴的现状，并派出邓芝出使东吴。

邓芝主动来了，孙权却犹豫了。因为这个时候孙权表面上还臣服于魏，他担心自己亲自见邓芝，会引来曹丕的不满。

邓芝是三国时期杰出的政治家、外交家，吃了孙权的闭门羹后，他并没有恼羞成怒，而是给孙权写信：我这次出使东吴，并不是单为蜀国，也是为了你的吴国。

孙权无奈，只好接见了邓芝，并直言不讳地说，我是真心想和你们蜀国修好的，但吴国弱小，一旦被魏国击败，就会自身难保，所以犹豫未决。

邓芝展开了游说，说西蜀有高山险谷，吴国有三江天险，吴蜀两国唇亡齿寒。一旦吴国归属魏国，就要交出质子，不服从就会遭到魏国讨伐。

对于邓芝的分析，孙权是深有体会。但真正打动孙权的，是他从邓芝的话语里听出了西蜀放弃了要回荆州失地的意思。

于是，孙权决定断绝与魏国的关系，与西蜀和好。

第五节　断发诱敌，书之竹帛

吴蜀关系和好后，三国关系暂时稳定下来，曹丕虽然有过几次南下，但都没有取得大的成功。

226年，比孙权还年轻五岁的曹丕病逝，太子曹叡继位。对于这位曹家的第三代新主，孙权是看不起的，他曾对诸葛瑾说，曹操的御将才能，自古少有；曹丕和曹操相比，相差很远；曹叡不如曹丕，更远不如曹操。

因为心存轻视，这年八月，孙权一改之前的被动防守，自己主动出击，率领五万兵力攻打江夏；又命令诸葛瑾讨伐襄阳。

这一次，孙权为自己的轻敌付出了代价。

当时驻守江夏的魏军将领是名将文聘，看到孙权亲自领兵而来，文聘坚守不出。魏国大臣主张救援，新皇帝曹叡说，孙权的优势在于水战，这次他们选择下船攻城，不过是想攻其不备，一举攻克江夏。只要文聘坚守不战，孙权短时间不能攻克，一定不会长久坚持下去的。

曹叡的判断很准确，孙权坚守了二十多天后，就撤退了。

孙权这边撤退了，只是消耗了一些粮草，士兵没有多大损失，而诸葛瑾则没有那么幸运了，他遇到了刚刚崛起的司马懿。诸葛瑾哪里是司马懿的对手，吴军大败，伤亡惨重，连大将张霸也被杀死。

遭遇这次惨败之后，孙权自然不甘心，228 年五月，他把目标选择在了驻守寿春的扬州牧曹休身上。

有了上次的失败经验之后，孙权在这次行动之前设计好了计策——诱敌。孙权密令鄱阳太守周舫寻找一位曹魏也知道的“名帅”，像当年的黄盖那样，去执行这项诱敌任务。

周舫是一个有胆有识的人，他认为普通人难以胜任这些工作，而且还可能会令计策泄露，于是他向孙权请求由自己去执行这项任务。

得到孙权的允许后，周舫派亲信给曹休送信，告诉曹休，我周舫受到孙权责难，害怕被杀，打算归降曹魏，希望将军能够派兵接应我。将军南下之后，我将成为你的内应。

曹休是曹操族子，曹操起兵讨伐董卓时，他主动投奔曹操，被称为“千里驹”。曹操视他如同亲子，并使他领虎豹骑宿卫，曹丕临终前还把曹休指定为辅政大臣。曹休确实也打过一些胜仗，但能力并不算一流。看到周舫的投诚信后，曹休很是犹豫，他一方面赶紧把情况报告给曹叡，另一方面偷偷派人打探周舫的真实情况。

打探的结果令曹休很满意，探子告诉他，周舫已经自处髡刑，在官府门外剃下头发，表示认罪。当然，这一切都是孙权、周舫提前安排好的。

在“身体发肤受之父母”的古代，剃头是很严重的。曹休相信周舫是真的，在得到曹叡同意后，他亲率十万兵力讨伐皖城。同时，曹叡还派司马懿讨伐江陵，贾逵讨伐濡须。

得知曹休上当，孙权十分振奋，他亲自抵达皖城，任命陆逊为大都督，朱桓、全琮左右都督，率九万人迎击曹休。

直到这时，曹休才发现自己被周舫耍了。发现中计后，正确的做法应该是赶紧撤退，但曹休对自己竟然被骗感到非常耻辱，又自恃自己兵精将多，于是决心在中计的情况下继续与孙权死磕。

曹休抵达石亭，遭到东吴三路大军伏击，曹休没有防备，初一交战不利后便慌忙退兵。想撤退并不那么容易，曹休之前的行军路线背靠湖泊、旁依大江，撤退时道路狭窄，十分缓慢。

吴军在其后紧追不舍，魏军无心应战，被斩杀万余，丢弃军械车马无数。曹休侥幸突围至夹石，但此处退路已被孙权阻断。

曹军士卒前无退路、后有追兵，惶恐之下陆续叛逃。

自投奔曹操以来，凭借与曹操的亲近关系，曹休何曾遭遇过如此处境？一时间，他也惊慌失措起来，人马几乎已经溃不成军。

其实，曹休刚刚领兵南下时，就有大谋士蒋济认为曹休孤军深入非常危险，名将满宠认为曹休背后是湖，旁边是江，是兵书所说的洼地，要严密防备。只是曹休立功心切，没有听从。

退兵夹石后，曹休才悔恨不已，但毫无办法，只能坐等被东吴完虐。就在这时，进攻濡须的贾逵来了。

本来贾逵是奉命进攻濡须的，得知曹休战败后，贾逵帐下很多将士都不愿孤身犯险，深入东吴救援曹休，认为应该等待后面的援军到来后再救援。

贾逵说："大司马兵败于外，路绝于内，进不能战，退不能还，危在旦夕。东吴知道后面没有接应的军队，才敢大胆地追上来。现在我们疾速前进，出其不意地赶到夹石，突然打过去，这就是所谓'先人以夺其心'，东吴看见我军必然退兵。如果坐待援军到来，东吴届时已经把险路全部断绝，到那时兵马再多又有何用呢？"

于是，贾逵指挥军队日夜兼程。到了夹石附近，他命士兵在山口要道上竖起了很多旗子，并留少数士兵不停地打鼓，作为疑兵，然后亲率大队人马迎战吴军。

吴军以为魏国救援大军已至，于是迅速撤离战场。

贾逵占领夹石以后，又拿出粮食和军资供应曹休的军队，使曹休得以重新整顿队伍，退回扬州。

贾逵孤军深入，救援曹休，并不是因为两个人关系有多铁，实际上两人的关系很不好。此次落难，曹休被贾逵救出，他内心非常惭愧，不久之后就病死了。

石亭之战，孙权军威大振，在庆功宴上，他对周舫说："君下发载义，成孤大事，君之功名，当书之竹帛。"

石亭之战后，已经四十六岁的孙权开始谋划自己的称帝大业了，毕竟这已经比曹丕、刘备晚了七八年了。

第九章

称帝并不那么容易

第一节　称帝，孙权隐藏多年的梦想

早在孙权刚刚从孙策手中接管江东，鲁肃建议孙权先除黄祖，再取刘表，成就帝王之业时，孙权就表示“此言非所及也”。

可以看出，从那时开始孙权就有称帝之心，只是在什么时候称帝，则要看形势的发展。不过，与那些一心想称帝的人不同，孙权的称帝非常谨慎，在时机没有成熟之前，他一直选择隐忍着，让这个梦想一直深深地藏在心中。

220年，孙权一生最大的对手曹操死了，曹丕接过曹家权力，并于当年底公开称帝。孙权不为所动。

221年，孙权的盟友刘备，在成都称帝。若论实力，孙权不及曹丕，但要强于刘备，但刘备称帝后，孙权依然不为所动。

孙权不急，下面的文武百官却着急了。223年，群臣一起向孙权进谏。孙权说，汉室衰微，我不能挽救，哪还能有心思与魏国、蜀国争相称帝呢?

整天喊着要匡扶汉室的刘备都称帝了，孙权这番话自然不是出于真心。这个时候他拒绝称帝，主要是因为他与蜀国的关系还没有完全和好，一旦称帝，激怒曹丕，让自己同时面对蜀国、魏国，自然是不可取的。

转眼到了229年，一切都变得对孙权称帝有利起来。

在西蜀方面，那个戎马一生的一代枭雄刘备，猇亭一战元气大伤，并于第二年死于白帝城。刘备死后，诸葛亮掌权，他从大局出发，连荆州失地都不要了，主动与东吴和好，两国关系远远超过了刘备时代。所以，西蜀没有什么值得孙权担心的了。

曹魏方面，226年，比孙权尚年轻五岁的曹丕英年早逝，22岁的曹叡继位。对于这位年轻的皇帝，孙权是看不上的，认为曹操、曹丕、曹叡，是眨巴眼养个瞎儿子——一代不如一代 。

更令孙权感到放心的是，曹丕临终前，因为担心曹叡无法胜任皇帝这份大任，特意留下遗诏，命中军大将军曹真、镇军大将军陈群、征东大将军曹休、抚军大将军司马懿共同辅政。

四个辅政大臣，两个曹姓，两个外姓，尤其还有一个才能显著的司马懿，他们之间必然难以协调。孙权就曾对诸葛瑾说，古往今来，哪有四五个人把持朝政不离心离德，最后转为相互斗争的?

所以，孙权大胆地提出，权臣相互夺利，幼主曹叡无法控制大权，曹魏政权的日子不会持续太久。后来司马懿家族的崛起，也证明了孙权当初预言的正确。

在军事上，就在去年，孙权采用诱敌深入的计策，在石亭大败曹休。此战再次证明，东吴有足够的能力捍卫自己的国土。

外面已经没有令孙权感到害怕的了，那么内部呢?

在东吴内部，自200年孙权执掌江东以来，江东联合刘备赤壁击败曹操；白衣渡江，斩杀有“万人敌”之称的关羽；猇亭之战，重创闻名天下的皇叔刘备。孙权的能力、威信得到了江东上下的一致认可。

称帝的一切条件已经成熟，229年，孙权接受“天意”，在武昌称帝。因为出现黄龙祥瑞，改元“黄龙”。

称帝之后，在武将方面，猇亭之战大败刘备的陆逊被任命为上大将军，令荆州牧。这个任命没有什么争议。

在文臣方面，孙权选择的丞相是顾雍，而非张昭。

自孙策猝死、孙权继位以来，张昭就被视为江东第一重臣。222年，孙权成为吴王设立丞相时，就有很多人提名由张昭接任。

孙权推托说：“现在事多，丞相责任很重，这不是优崇他的举措。”于是，任命孙邵为丞相。

孙邵去世后，大家以为这次可以轮到张昭了，就再次举荐他。孙权被逼急了，终于说出了不愿接受张昭的原因：“我对张昭怎么会如此吝啬呢？我只是考虑到丞相事务繁忙，而张昭性情刚烈。在君臣相处时，如果他的谏言没有被采纳，就会产生怨愤诘难，这对他并无益处。”

鉴于此，孙权再次舍弃张昭，让顾雍接任吴国丞相。

不能接任丞相，不能位居师保，这对张昭固然有些难堪，但更大的难堪还在后面。229年，孙权称帝后，大会百官，将此归功于周瑜、鲁肃。

一旁的张昭正要举杯赞颂功德，还没有来得及发言，孙权却说：“如依张公之计（赤壁之战前提出降曹），今已乞食矣。”

七十四岁的张昭非常惭愧，伏在地上流汗不止。

不久，张昭称老退休，上交了自己统领的部属，被改拜为辅吴将军，地位仅次于三公，改封娄侯，食邑万户。

第二节　诸葛亮送来和平

当初刘备死时，面对外忧内患的局势，诸葛亮从大局出发，被迫不再追究东吴杀死关羽、重创刘备之仇，并承认东吴对荆州的占有。

在政治生态中，仇恨是可以被利益化解的，领土是要靠实力争取的。所以那个时候诸葛亮的选择虽然遭到了很多人的反对，但还算顺利执行下去了。

但这一次孙权称帝就不同了。

一直以来，刘备集团都是以匡扶汉室为政治纲领的，曹丕篡夺汉权之后，刘备果断称帝，是要接下大汉“正统”的地位。

既然西蜀是大汉正统，那么西蜀之外所有政权都是不合法的。虽然西蜀暂时没有实力消灭曹魏政权，但在对待曹魏的立场上，诸葛亮绝不含糊，那就是势不两立。

现在孙权称帝，就把麻烦抛给了诸葛亮。既然西蜀之外的所有政权都是非法的，那么孙权称帝之后的东吴呢？显然也是非法的。作为以大汉正统自居的西蜀，必然不能承认一个非法的政权。

但如果不承认孙权的合法帝位，就难以与孙权进行正常的外交，更不用说建立蜀吴两国友好关系了。而没有蜀吴两国的友好，诸葛亮北伐中原的计划就无法实施。

考虑了很久之后，务实的诸葛亮只好无奈地选择妥协。仅仅他自己妥协还不行，他还要说服那些忠于汉室的西蜀大臣，为此诸葛亮写了一篇《绝盟好议》。文中分析道，孙权称帝之心早就有了，我们无法计较这件事，是因为我们需要争取他以对付曹魏。

现在孙权已经称帝，我们如果不予承认，公开断交，就会引发仇恨，进而引发战争。如果要出兵讨伐东吴，绝不是一朝一夕能够成功的。这正好给了北方的曹魏以可乘之机，是非常不明智的。

为了长远的利益，绝不可逞匹夫之勇。外交应该讲究权宜，当年孝文帝曾经用谦卑的语气给匈奴单于写信，先主刘备也曾对孙权有所妥协，这些都是根据当时局势所采取的应对策略。

如果我们能够和孙权保持友好关系，我们北伐曹魏时，孙权采用上策，可以和我们一起出兵，共同瓜分魏国领土；孙权采用下策，可以趁机掠夺魏国的地盘、人力。即便孙权按兵不动，他也可以牵制曹魏黄河以南的部分兵力，减轻我们进攻曹魏的压力。

于是，在诸葛亮的倡议、劝说下，蜀国被迫放弃蜀汉为唯一正统的地位，共尊刘禅、孙权二帝，并派出使者陈震出使东吴，继续巩固两国的同盟关系。

蜀国的态度令孙权大为满意，陈震抵达东吴后，受到了热烈欢迎。经过协商，孙权与陈震“升坛歃盟”，两国约定灭掉曹魏之后，共同瓜分曹魏，其中并、凉、冀、兖四州划归西蜀，徐、豫、青、幽四州划归东吴。

双方还在盟约中规定，两国互不侵犯，蜀国遭到他国侵略，吴国要出兵讨伐；吴国遭到他国侵略，蜀国也要出兵讨伐。

这次结盟，令蜀吴两国的关系达到了前所未有的顶峰。由于同盟关系建立，西部忧患解除，孙权还把首都从武昌迁回了建业。

此次结盟之后，蜀吴两国几乎没有发生战争，不仅如此，诸葛亮出兵北伐时，孙权还多次出兵予以支援。

例如 234 年，诸葛亮第五次北伐曹魏，约孙权一同举兵。孙权派陆逊、诸葛瑾出兵江夏，直至襄阳；派孙韶出兵淮阴；自己则亲率十万大军出兵合肥新城。

面对蜀吴两国配合作战，曹叡非常紧张，他立即派出司马懿在西线抵抗诸葛亮，让他坚守不出，避开诸葛亮锋芒；自己则乘坐龙舟，御驾亲征孙权。

孙权没有想到曹叡会亲征，加上东吴军中暴发疾病，被迫撤退。西线的陆逊、诸葛瑾得知孙权撤兵，他们斩杀一千多曹军后，也从西线撤退。

这一战，虽然没有取得大的战绩，但吴蜀两国的密切配合，确让曹魏大为头疼。

也就是在这次北伐中，一贯顾全大局的诸葛亮病逝于军中。孙权赶紧派出特使，重申与蜀国的盟友关系，两国盟友关系得以继续维持下去。

第三节 一生耻辱，辽东

与曹操、刘备相比，孙权的外交非常灵活，时而联刘抗曹，时而降曹弱汉，简直是如鱼得水。但在经略辽东这个问题上，孙权却栽了大跟头，辽东也成了他一生的耻辱之地。

辽东就是今天的辽宁一带，稍有地理常识的人都知道，辽东与东吴之间还隔着魏国，双方并不接壤，加之距离遥远，所以双方本来没有什么关系。但为了对付共同的敌人——曹魏，孙权希望能够像与西蜀一样，与辽东建立友好关系。

辽东本来只是幽州的一个郡，并不大，只是地理位置特殊，而拥有了左右摇摆的资本。面对强大的曹魏，他们也希望得到孙权的支持。

辽东掌握在公孙家族手中。当年，董卓任命公孙度为辽东太守，因为时局混乱，公孙家族就此世袭了辽东。孙权称帝时，辽东已历三世，传到了公孙度之孙公孙渊的手里。

公元229年，孙权刚刚称帝，就派出使者抵达辽东，企图染指辽东。三年后，孙权再次派出使者，希望招诱公孙渊。

公孙渊是个首鼠两端的人，当年他从叔父公孙恭手中夺得太守之位时，魏明帝曹叡就不顾大臣反对，正式以皇帝名义任命公孙渊为扬烈将军、辽东太守。现在孙权前来招降，公孙渊也来者不拒，与孙权联系不断。

公孙渊的行为激怒了曹叡。曹叡命水陆两路出兵，讨伐公孙渊。这次军事行动虽然没有取得胜利，不过孙权的使者在返回的过程中，却遭到了曹魏军队的伏击，使团或被杀，或被俘。

曹叡的军事行动把首鼠两端的公孙渊逼向了孙权这边。这年十月，公孙渊正式派出使者到东吴，要称臣于孙权，并对孙权大加赞赏。

孙权大为高兴，立即下诏封公孙渊为燕王，并持节督幽州领青州牧。不过，此时的幽州、青州都在曹魏手里，所以孙权的这个督领幽、青二州的封赏只是虚职，公孙渊并不能真正享受到掌握二州的权力。

饶是如此，公孙渊由一个郡太守，一跃成为燕王，并督领幽、青二州，孙权的封赏可谓非常大方。

不仅如此，孙权还要派出太常张弥、执金吾许宴、将军贺达，率领上万士兵，将公孙渊的使者送回辽东。

封赏高一点，固然不妥，但勉强还能说得过去，而派出一万多士兵护送就有点不太靠谱了。东吴大臣们认为，公孙渊此人不可信，我们只要派出少许兵力将使者送回辽东就可以了，何必动用上万兵力呢？

孙权不予理睬。

老臣张昭出马，他说："公孙渊背叛魏国，害怕被魏国征讨，才远道归降我东吴，但这并不是真心归降。如果我们上万兵力抵达辽东，公孙渊突然忠心于魏国，我们派出的使者一定难以返回，这岂不是让天下耻笑吗？"

孙权不以为然，当庭和张昭辩论了起来。

见无法驳倒张昭，孙权按着剑柄，愤怒地说："东吴士大夫进宫都要拜我，出宫都去拜你，我对你的尊重已经到了无以复加的地步。然而，你张昭却数次在大庭广众之下折辱于我，我真担心哪天忍不住做出不好的事情来。"

孙权话已至此，张昭还能说什么呢？只好泪流满面，愤然离开。

没有人再敢进谏了，孙权派出张弥、许晏带着大量的封赏，护送着公孙渊的使者回了辽东。

孙权不听劝告一意孤行，令老臣张昭非常不满，他干脆借口生病不再上朝。孙权也非常生气，干脆派人把张昭家的大门堵上。张昭干得更绝，既然你堵住我的大门，不外乎不想让我出去，我干脆从里面用土把其他门也堵上。

使臣派出去了，和张昭等人关系也搞得非常僵，孙权也变得忐忑起来。他内心深处非常渴望张弥、许晏辽东之行非常顺利，这样既可以让东吴的势力延伸到辽东，又可以堵住张昭这些大臣之口。

然而，孙权的梦想却落空了，张昭的预言应验了。

公孙渊是个摇摆不定的人，在曹魏的巨大压力下，他再一次倒向曹魏，而抛弃了孙权。如果孙权没有派出上万兵力护送公孙渊的使者，公孙渊背叛就背叛了，对孙权也没有多大损失。

然而，现在孙权派出的张弥、许晏和上万东吴士兵抵达辽东后，情况就不一样了。为了向曹魏显示忠心，公孙渊斩杀了孙权的使者张弥、许晏，并将东吴上万士兵分割开来，诸股消灭。

不仅如此，公孙渊还把张弥、许晏二人的首级，以及孙权赐给公孙渊的印绶、符节等物品一起交给了曹叡。并向曹叡说，我之前派出使者向孙权称臣，只是为了引诱东吴派出使者，多率将士来辽东，现在这个计划真的取得了成功。

对于公孙渊的花言巧语，曹叡自然不信。不过这些花言巧语，却大大地刺伤了孙权的自尊心，他愤怒地说，我年已六十岁（实际是五十二岁），世上的事不论艰难好坏，我都经历过。没想到却被公孙渊这样的鼠辈戏弄了，使人火冒三丈。如果不亲手割下这个鼠辈的脑袋，把它扔进海里，还有什么脸面再统治国家，面对万民？即使失败，我也不会因此而后悔！

孙权要对辽东开战，这下麻烦大了。

第四节　不平等外交岂能和睦

当初派出使者去辽东是一步错棋，现在要发兵讨伐辽东，更是一步错棋。

就像尚书仆射薛综所总结的，一是辽东人习惯马战，迁徙灵活，一旦我江东大军大举抵达辽东，他们必然如鸟兽散，让我军无法找到。我军孤军深入辽东，后方补给难以持久，最后只有撤退回来。

二是吴国与辽东中间隔着魏国，陆地不容易抵达，只能从海上去。当时航海技术有限，海上风浪变幻不定，一旦遭遇恶劣天气，大军凶多吉少。

三是海上行军，容易发生疾病，从而降低部队的战斗力。

当然，讨伐辽东的缺点还不仅仅是这些，诸如军队的后期补给问题，征讨期间魏国可能采取军事行动的问题，即便侥幸击败公孙渊，如何守住遥远的辽东的问题，等等。

劝谏的奏疏一份接一份地送上去，孙权都不为所动，直到陆瑁的奏疏出现。

陆瑁是大将军陆逊的弟弟，此时为东吴议郎。

陆瑁在第一封奏疏里说，公孙渊地处边远，生性狡黠，背叛诏令，没有什么值得生气的。

当初我们封赏公孙渊，不过是为了团结他一同对付曹魏。现在竟然发兵讨伐公孙渊，岂不是正给曹魏以可乘之机?

用兵之道讲究以逸待劳，我们如果远途奔袭讨伐公孙渊，必然要把士兵分成三部分，强者负责进攻，次者负责守船，再次者负责运输粮食。如此一来，我军过于分散，很难取得胜利。

如果公孙渊和北方的敌人联合起来，共同对付东吴，则东吴形势就危险了。如果我们的大军滞留在遥远的辽东，国内的山越乘机作乱，则我们江东就危险了。

陆瑁的分析是很有道理的，孙权有些心动，但还是没有改变主意。

陆瑁接着再上一道奏疏说，武器装备在以前是用来威服四夷的，通常情况下，即便在和平时期，英明的君主也会爱惜民力，不会主动出兵，避免使军队疲劳。

汉文帝时，境内发生叛乱，他只是派人向叛乱者发出警告而已。现在东吴凶残的敌人尚未消灭，怎么可以随便出兵，讨伐公孙渊呢?

陆瑁以史为鉴，终于劝下了孙权。

公孙渊是个摇摆不定的人，今天能够背叛孙权，他日自然也可以背叛曹叡。公元 237 年，曹叡命幽州刺史毌丘俭带着皇帝的诏书，征公孙渊入朝。狡猾的公孙渊疑心有诈，不愿入朝。毌丘俭立即发兵讨伐，没想到反而被公孙渊击败。

取得这次胜利之后，公孙渊膨胀起来，干脆谁也不投靠，自己做起独立的燕王来，还设置了文武百官，小王朝的日子过得有滋有味。

曹叡这次真的愤怒了，他派出了司马懿前来讨伐公孙渊。

司马懿不同于毌丘俭，他多次与诸葛亮交手，战功赫赫，早已闻名于天下。公孙渊感到压力很大，他再次向东吴称臣，希望能够得到东吴的帮助。

因为上次事件，东吴群臣非常痛恨公孙渊，他们主张杀了公孙渊的使者，一雪前耻。但羊衜却认为，杀了公孙渊的使者，不过是发泄匹夫的怒气，却白白损失了图霸的机遇。不如我们厚待使者，并派出奇兵偷偷潜往辽东。

如果到时司马懿没能打败公孙渊，那么我军潜入辽东，自然就可以被视为声援辽东，可以将我东吴的恩德之名远播于万里之外；如果司马懿与公孙渊的战争陷入僵局，难分胜负，那么我们的奇兵则可以到边界地区抢夺财物、民众，满载而归，同时又可以一雪前仇。

孙权图霸辽东之心不死，这个建议一下就打动了他。他决定出兵，并通过公孙渊的使者给公孙渊带话，他将与公孙渊同休戚，共存亡。

然而，羊衜的这个建议貌似不错，但他只强调了司马懿败于公孙渊，或者平于公孙渊，却忽视了司马懿胜于公孙渊会是什么结果。而后来的结果，偏偏就是司马懿大败公孙渊，斩杀了公孙渊父子，并斩杀上千首级传送洛阳。

公孙渊父子的快速惨败，再次让孙权图霸辽东的如意算盘落空。

孙权经略辽东的举措是失败的，这一方面是因为辽东太守公孙渊反复无常，另一方面也是因为孙权对待辽东的态度是有问题的。在对待另一个盟友刘备和他的西蜀时，孙权是以一个平等的政权与之交往的，所以两国才建立起了良好的盟友关系，共同对付强大的曹魏。

但对待辽东的公孙渊就不同了，一开始孙权就不是把对方当作平等的盟友，而是试图让对方臣服于己，将自己的王图霸业扩展到辽东去。

公孙渊，这个弱小政权的主人，为了保持自己的独立性，只能在魏吴两个强大的政权之间，摇摆不定，最后还是被魏国给灭掉了。

如果当初孙权能够以平等的态度对待公孙渊，虽然也不见得能改变公孙渊灭亡的命运，但至少可以保证东吴与辽东关系的和睦，那么孙权本人也不会因此而受辱了。

所以，正如一位外交家所言，不能平等外交，岂能和睦！

第十章

英雄暮年，子孙争嫡

第一节 侍中、丞相险些被害

有些人评价孙权是“半生明主”，纵观他的前半生，在与曹操、刘备的周旋中，他确实表现出了非凡的才气，是千古少有的明主。

然而，进入老年之后，他变得越来越喜怒无常，猜忌残忍起来。其中最突出的表现就是，他对东吴文臣武将不再相信，开始起用一批“典校”“校事”，来充当自己耳目，监视和整治百官。

这些“典校”“校事”有点像明朝的东厂，他们官阶极低，但因为受到孙权宠信，经常检举、打击大臣，闹得整个东吴朝野人心惶惶，吕壹事件就是其中之一。

吕壹本来只是一名中书典校郎，但他为人阴险，得到孙权的重用以后，他监视、打击的官员品阶不断提高，整个东吴大臣都畏惧他。

吕壹的猖狂难道没有人敢制止吗？当然有，那就是孙权的长子、太子孙登。

孙登不仅是长子，而且非常具有政治头脑，是孙权最喜欢的儿子。他看到吕壹等人肆意妄为，不少正直大臣都遭到诋毁，开始劝谏孙权。然而，这个时候的孙权已经变得刚愎自用起来，孙登的劝谏已经难以起到作用。作为儿子，孙登也无可奈何。

看到孙登都不能奈何自己，吕壹更加肆无忌惮起来。

一次，吕壹诬告江夏太守刁嘉诽谤国家大事，孙权大怒，将刁嘉逮捕入狱，要求详加审问验证。

在调查取证时，大家因为畏惧吕壹，都说听到刁嘉说过那些诽谤国事的话，唯独侍中是仪说没有听说过。

在三国时代，侍中管理诸官事宜，权力很大，已经接近丞相。而是仪又是一个主持正义，不畏权势的人。当年孙权返回建业，留太子孙登驻守武昌，并留下是仪辅佐太子。从武昌返回建业后，即被任命为位高权重的侍中。可见，孙权父子二人对是仪都非常器重。

即便是如此被孙权父子器重的人，吕壹也照抓不误。看到是仪竟然不肯屈服于自己的淫威，吕壹连续对其进行审讯。最后连孙权都出面了，要求是仪如实交代，否则要治是仪的罪。

群臣都知道是仪是无罪的，很替他担心，但畏于孙权的震怒和吕壹的阴狠，无人敢站出来为是仪辩护。

孙权的耐性终于被磨光了，他决定最后一次审讯是仪。被折磨得憔悴不堪的是仪，依然坚持自己的真实想法，他对孙权说："现在刀锯已架在我的脖子上，我怎敢还替刁嘉隐瞒真相，而自取灭族之祸，成为不忠之鬼呢？我之所以继续坚持这样做，只是为了让陛下了解此事的真实本源，据实回答而已。"

接下来，对孙权的提问，是仪一一回答，毫无破绽。孙权只好放了是仪，同时也赦免了刁嘉。

事后，孙权曾发出感叹："假如人人都像是仪那样，国家哪里还用得着科律法令呢？"

虽然如此，孙权并没有收敛对百官的监视，也没有减少对吕壹等人的宠爱。吕壹等人更加猖狂起来，这一次他们打击的对象是一人之下万人之上的丞相顾雍。

顾雍是东吴重臣，孙权对其非常尊重，每遇到难题时，便会派中书郎前往请教顾雍。每当顾雍赞成孙权的意见时，顾雍就会请孙权的中书郎吃饭，把问题研究个透彻，然后再送中书郎离开；如果顾雍不赞成孙权的意见，那么他就不会请客了，也不多说话，这样孙权就会知道自己的观点有待改进。

时日久了，孙权派中书郎请教顾雍后便不是问："顾公怎么说？"而是问："你吃饭了没有？"如果中书郎回答没吃饭，则表示顾雍反对自己的意见，孙权则需要重新考虑一下自己的意见了。

即便是如此信赖器重的人，只要吕壹一告密，孙权也照样会相信，并当面诘责顾雍。

看来这次顾雍也在劫难逃了。负责给孙权传递诏书的黄门侍郎谢厷问吕壹："顾公的事怎么样啦？"

吕壹回答："情况可能不太好。"

谢厷又问："如果顾公被免职的话，谁会代替他？"

吕壹没有回答。

谢厷有些担忧地说："会不会是潘太常？"

吕壹过了良久才说："你说的很有可能。"

谢厷说："潘太常恨你切齿，只是路远没机会而已。今天他一旦接替顾公，恐怕明天就会打击你。"

吕壹害怕了，和顾雍相比，潘濬更加刚正不阿，只是他现在正在外面领兵讨伐武陵叛乱。现在如果扳倒温和的顾雍，孙权召回刚正的潘濬，那么自己的末日就为时不远了。

吕壹思虑再三，最后决定对顾雍的事暂且放下，顾雍案也就不了了之了。

第二节　孙权亲下罪己诏

吕壹不敢惹潘濬，潘濬却不会放过吕壹。

潘濬是一位刚正不阿、疾恶如仇的人。234 年十一月，他完成了对武陵叛乱的平定，风尘仆仆抵达武昌，见到了大将军陆逊，方才得知吕壹窃弄权柄，作威作福，构陷大臣的情况。

两个忧国忧民的人，谈了很久，“同心忧之，言至流涕”。

战场上的陆逊运筹帷幄，决胜千里，但他的性格偏谨慎一些，不如潘濬刚烈。两个人聊了一番之后，潘濬气愤难耐，决定返回建业，向孙权劝谏此事。

然而，回到建业他却失望了，因为他听说连太子孙登数次向孙权进谏，孙权都没有采纳。潘濬明白，连太子的话都听不进去，自己一个外臣的进谏又有何用?

如果是普通人，遇到这种情况也只好放弃了，但潘濬不是普通人，既然孙权宠着你，太子和文武百官都拿你没有办法，那我潘濬只好硬来了，为了国家铲除这一祸患，即便牺牲我一个潘濬又何妨！

于是，潘濬借自己回来之机要宴请文武百官，并计划在宴会上除掉吕壹。然而，吕壹非常狡猾，提前知道了潘濬的计划，称病没有去参加宴会，潘濬精心策划的计划落空了。

潘濬不是那种轻言放弃的人，冷静下来之后，他认为如果要铲除吕壹，还要通过孙权。只有那样才能合理合法地让吕壹得到惩罚，并让吕壹这种特务现象得到制止。于是，在以后的一段时间里，潘濬一有机会就向孙权进谏，陈述吕壹的奸险。次数多了，孙权也开始从对吕壹的信赖有加，变得有所怀疑。

天欲其亡，必令其狂。

孙权仅仅对吕壹有所怀疑还是不够的，还需要有更为严重的事件发生，才能彻底把吕壹推向深渊。

不久，这个严重的事件终于出现了。

236 年，孙权铸大钱，一枚当五百枚。朱据将军的部队获得了三万缗，却被工匠王遂作假贪污。吕壹怀疑这笔钱被朱据贪污了，他就把朱据手下的主管军吏抓来，严刑拷打，逼他承认是朱据干的。

没想到这个军吏非常硬气，任凭吕壹拷打，就是不招，最后被毒打而死。

自己手下的军吏被活活打死，朱据非常怜悯他的无辜，就用优良的棺木厚葬他。

如果是一般的官员，胆敢如此挑衅，吕壹早就把他抓起来了，但朱据身份特殊，他不仅是名将朱桓从弟、大都督朱异的堂叔，还是孙权的女婿，“小公主”孙鲁育的丈夫，响当当的当朝驸马爷。

但即便是如此显贵的身份，吕壹依然毫不退缩。他对孙权说，朱据厚葬被拷问致死的军吏，是因为这位军吏替朱据做掩护。言下之意，还是指责朱据贪污了那笔钱。

对于吕壹的告密，孙权几乎是言听计从。他叫来朱据责问，而且反反复复数次。朱据这位相貌堂堂的驸马爷也被折腾得没脾气了，他知道自己无法证明清白，只好坐卧在草席上，随时听候定罪。

孙权也很为难，尽管吕壹一口咬定朱据受贿，但就是找不到证据，而且朱据又是自己女婿，所以拖延了一段时间，朱据一直没有被定罪。

过了一段时间，典军吏刘助发现，那笔钱居然是被王遂贪污，真相大白，朱据的冤屈得以洗脱。

事情就这样过去了吗？当然不是。事后孙权开始反思，连当朝驸马都会蒙受不白之冤，何况一般官吏？于是，孙权下令将吕壹逮捕治罪。

吕壹是凭借孙权的宠信而狐假虎威的，一旦孙权要治其罪，他也很快就完蛋了。对吕壹的庭审，由丞相顾雍亲自负责。

庭审开始，那个当初险些扳倒顾雍的吕壹，一副阶下囚的形象出现在了顾雍的面前。顾雍并没有打击报复，整个庭审顾雍都是和颜悦色。庭审结束，吕壹将要离开时，顾雍问吕壹，你心里还有什么想说的吗？

吕壹只是叩头，无话可说。

一旁的尚书郎怀叙当面斥骂羞辱吕壹，顾雍批评他说："官府有明确的法令，何必如此呢？"

吕壹和顾雍，这就是小人和君子的区别。

如何给吕壹量刑，一时间成了朝野关注的话题。就凭吕壹所做的那些坏事，将其千刀万剐也不为过，所以有人建议处吕壹焚烧、车裂之刑。

孙权就此事征求东吴大儒阚泽的意见，阚泽说："盛明的朝代，不应有这种极刑。"孙权听从了他的意见，吕壹被处死。

吕壹事件之后，孙权亲自下了罪己诏，承认自己在这件事中存在的过失，并鼓励大家以后发现我孙权有做错的地方，继续直言规劝，共同开创帝王大业，使天下归于一统。

然而，这件事所产生的影响，并没有因为孙权的罪己诏而消失，此后东吴君臣之间少了之前的开诚布公，多了一些紧张和相互猜忌。这对孙权，乃至整个东吴，都是一件十分不幸的事。

第三节　夺嫡，孙大虎倒向鲁王

重用吕壹是孙权晚年一大失误，但这件事也只持续了两三年，对东吴的影响有限。而孙权在立嗣问题上的失误则更为严重，它不仅影响了孙权晚年的生活，也影响了整个东吴的国运。

孙权本来是不存在立嗣难题的，早在他晋升吴王时，就立了长子孙登为王太子，称帝之后，孙登又变成了皇太子。

皇太子孙登的能力也是令孙权满意的，他礼贤下士，勇于任事，孙权驻建业时，长期令孙登驻守军事重镇武昌。

孙登不仅有杰出的政治才能，还非常孝顺，公元232年，孙登次弟孙虑逝世，孙权感到悲伤，因而减少膳食，举国上下都非常不安。

孙登知道后，昼夜兼程赶来，孙权当即召见他。孙登见孙权悲痛哭泣，便劝说："孙虑一病不起，此乃命定。如今北方未统一，四海都在仰首盼望，上天授命陛下，陛下却按照社会下流百姓的思路，减少朝臣的饮食，超出了礼制的要求，我私底下忧虑不安。"

孙权听从了孙登的劝告，为此增加饮食。

孙登住了十多天，孙权还打算派他西还武昌，孙登深切地为自己求情，认为长时间的离别使自己不能侍奉父母，于做儿子的道义有缺憾。加之，守将陆逊忠诚勤勉，武昌那里没有什么顾虑。孙权于是留他住下。

这样一个近乎完美的太子，没想到却在33岁时突然病逝。孙权震惊悲惋，悲痛不能抑制，在诏书提道："国丧明嫡，百姓何福！"

在孙权以后的晚年生活中，每次提及孙登，都不禁伤心流涕。

然而，不管孙登如何优秀，还是死了。孙权年事已高，东吴急需一位新的太子。在选择新太子的问题上，孙权进行了反复甄选。孙权共有七个儿子，除了已经死去的孙虑、孙登，还有孙和、孙霸、孙奋、孙休和孙亮。

其实，早在孙登临终前，他就推荐了由三弟孙和任太子。孙和是在世的最年长皇子，而且从小聪慧伶俐，深受孙权喜爱，十四岁时就被孙权安排为宫廷侍卫，并让中书令阚泽教他学习经传典籍六艺。

在大儒阚泽的悉心培养下，孙和爱好文学，擅长骑射，礼贤下士，尊敬老师，颇为人们所赞誉。所以，在孙登去世的第二年正月，孙和顺利地被孙权立为太子。

本来这一切都是正常的，然而就在这年八月，孙权竟然又把他十分喜爱的四子孙霸立为鲁王。因为其他几子都不是王，孙权此举引发了朝野很多猜测。

不仅如此，孙权还让孙霸和太子孙和享有同样待遇，并让二人共处一宫。群臣猜测不已，纷纷为自己的前途考虑，选择站队。

当时很多正直的大臣纷纷进谏，就连鲁王师傅是仪也看不下去了，他对孙权说，如果你认为鲁王优秀，可以把他派出去镇守四方，这才是国家的良策。现在太子、鲁王共处一宫，应该有所差别，以正上下秩序。

是仪作为鲁王师傅，并没有偏袒鲁王，而是建议孙权及早定下二人名分，避免将来骨肉相残，这无疑是充满远见之举。然而，孙权对此却不予理会，反倒惹得孙霸对自己这个师傅十分不满。

243 年底，丞相顾雍病逝。孙权任命顾雍的孙子顾谭为太常，和其祖父一样，顾谭也是一位“德允众望”的人物。看到太子、鲁王几乎并驾齐驱，他进谏孙权，有国有家者必须分清嫡庶尊卑，这样才能杜绝非分之念，避免将来骨肉相残。现在我主张让太子、鲁王分宫居住，并不是为了偏向谁，而是为了使太子安心，鲁王便利。

在诸位大臣的进谏下，孙权终于同意将太子、鲁王二人分在两宫居住，于是孙权晚年赫赫有名的“二宫之争”由此开始。

在这场争斗中，孙和是名正言顺的太子，本来占据优势，然而一个女人的出现，改变了这种态势，这个女人还有一个响亮的男性化名字——孙鲁班，字大虎。

孙大虎是孙权的长女，即长公主，地位非常特殊。当年孙权为太子孙登聘娶名将周瑜之女为太子妃时，又将孙大虎嫁于周瑜的长子周循，并拜周循为骑都尉。周循很有当年周瑜的风采，孙大虎的婚姻本是美满的，可惜的是周循年纪轻轻就去世了。

周循死后，孙大虎又改嫁名将全琮，此后孙大虎也被人称为“全公主”。

孙大虎是步夫人所生，而孙权宠爱的是王夫人，多次想立王夫人为后，都被孙大虎阻止，所以很久以来，孙大虎都和王夫人不和。

而太子孙和偏偏就是王夫人所生，因为担心孙和继位后报复自己，所以在孙和、孙霸争嫡的过程中，孙大虎自然而然地就站在了鲁王孙霸这边。

别小看孙大虎这一个女流之辈，在孙权逐渐年迈时，作为长女，孙大虎的话几乎比任何人都好使。

尤其是随着孙权推行了一个新的政策，让孙大虎的作用更加突出起来。

第四节　陆逊卷入二宫之争

因为孙权意图不明，群臣对谁将继位猜测不已，并根据自己的猜测，选择自己的阵营。

因为判断不清局势，有些大臣拿不定主意该站在哪个阵营。例如驸马全琮，想让自己的儿子全寄也投入鲁王阵营，并就此事写信征求丞相陆逊的意见。

顾雍死后，陆逊虽出将入相，但按照孙权的命令，他继续镇守武昌。

收到全琮的信后，陆逊回信说，你的儿子如果有才能，就不必担心新皇帝登基时不被任用，没有必要现在就成为某位皇子的幕僚；你的儿子如果才能不佳，即便现在提前站队，也会给自己带来灾祸。况且现在二宫势均力敌，难分高下，你这个时候给儿子挑选阵营，是非常犯忌讳的。

陆逊的话非常有道理，无奈全琮根本听不进去，他还是让儿子投入了鲁王的阵营，最后因此而被赐死。

一时间，整个东吴的文臣武将都选择了自己的阵营。

据记载，新任丞相陆逊、大将军诸葛恪、太常顾谭、驸马朱据等都站在太子孙和这边；全公主孙大虎、大司马全琮、安南将军吕岱、中书令孙弘等站在鲁王孙霸这边。

由名单可以看出，太子、鲁王阵营都有著名的文臣武将，一旦发生争执，后果不堪设想。孙权有点害怕起来，他针对二宫出现的情况，决定“省夺”二宫兵马。此外，为了防止二宫宾客私下游说其党羽，干扰朝政，孙权还以让太子、鲁王安心读书为由，禁止二宫宾客私自走动。

从当时让太子、鲁王同住一宫，到现在分住两宫，剥夺兵马，禁止宾客走动，可见局势已经演变到令孙权心惊的程度。

孙权的做法，令外界猜测不已。督军使者羊衜向孙权建议，现在太子、鲁王都被剥夺了兵马，且禁止宾客走动，外界为之震惊，如果太子、鲁王之间真有不和，应多加补察，严密斟酌，不要让外界说三道四。

对于羊衜的进谏，孙权不予理睬，实际上他也没有好的理睬办法。

因为有了孙权的这个政策，宾客之间禁止随便走动，孙大虎利用自己的公主身份，来回串联变得格外重要起来。

不仅可以方便串联，孙大虎还可以凭借长公主的身份，在孙权面前构陷太子孙和。尤其是孙权病重之后，作为长女，孙大虎得以经常陪在孙权身边。只要一抓住机会，孙大虎就不忘在孙权面前“黑”孙和一下。

一次，孙权让太子孙和到太庙祭祀，恰好太子妃的叔父张休就住在太庙附近，张休就邀请孙和祭祀结束以后到他家坐坐。

孙和的一举一动都在孙大虎的监视之下，得知他去了张休家，她立即禀报孙权说，太子孙和并不在太庙里，而是跑到妃子家里谋划事情去了。

孙大虎还告诉孙权，王夫人看到孙权病重之后，不仅不难过，还面露喜色。孙权听后大怒。

这一次，孙大虎虽然没有扳倒孙和母子，但不久之后，王夫人忧惧而死，孙和失去了宫中最重要的靠山，而他自己也感到孙权对自己的宠爱日益减少，开始担心被废黜。

出来充当爪牙打击孙和的不仅有孙大虎，还有全寄、孙奇等人，这些人凭借自己的影响，纷纷向孙权进言，构陷太子孙和。

此时的孙权已经进入了他生命中的最后几年，年迈、疾病、多疑已经让他失去了对复杂事务的精确判断。在一群宵小之辈的构陷下，孙权对孙和的不满不断增加。

孙权态度的变化，令丞相陆逊很是忧虑。史料把陆逊归为孙和阵营，其实并不完全准确，他支持孙和，并不是为了结党营私，而是因为孙和是活着的孙权长子，是法定的太子，作为一个正直的大臣，他理所当然地要支持孙和。

看到孙和逐渐失宠，陆逊给孙权上疏说，太子是正统，位子应该稳固，鲁王是藩臣，两人地位应有所差别，才能使国家获得安宁。

孙权没有回复，陆逊就接二连三地上疏，这让孙权非常不满。

也就是在此前后，陆逊还和全琮父子结了仇。当初，全琮要将儿子全寄送到鲁王阵营，遭到陆逊反对。但全琮不为所动，还是让全寄投靠了鲁王，成为鲁王宾客。

陆逊过于正直，甚至正直到有些天真的程度，看到全寄投靠鲁王，为了全琮家着想，他竟然写信给全琮，劝他学金日磾杀子以防羞辱家门。

金日磾是汉武帝时期的大臣，他有两个儿子非常可爱，被汉武帝宠爱，成为天子弄臣。看到长子在宫中行为不谨慎，竟然与宫女嬉闹，金日磾非常厌恶，就将他杀了。

现在陆逊竟然让全琮效法金日磾，全琮父子自然气得七窍生烟，并与陆逊接下仇怨。他们向孙权进谗言，说陆逊的外甥顾承曾串通陈恂及张昭的儿子张休，谎报战绩给自己谋求高位。孙权听信谗言，将三人流放。

陆逊为此愤愤不平。

陆逊此时还不知道，尽管他讨厌党争，并极力避免卷入其中，但很快他还是被卷了进来，并因此丢掉了性命。

第五节　太子被贬，鲁王赐死

二宫之争，进入了白热化的程度，各种阴招都被使了出来。

太子孙和、鲁王孙霸二人谁更适合继承大统，孙权也犹豫起来。一次，他叫来杨竺，屏退左右，一起来讨论这件事。

杨竺属于鲁王阵营，谈话中极力称赞孙霸有文武英姿，适合做太子，于是孙权便答应他可以立孙霸为太子。

两个人对话本以为很隐秘，没想到床下却躲着一位太子孙和的亲信。

亲信把孙权、杨竺的对话告诉孙和之后，孙和非常恐惧。该找谁帮助呢？孙和想到了陆逊。当时陆逊的侄子陆胤正好要去武昌，临行前，陆胤去拜见孙和，孙和没有接见，而是微服到了陆胤的车上。

陆胤上车后，两个人密谈了很久，核心的意思就是让陆胤请求叔父陆逊，向孙权上疏，为太子孙和申辩。

与此同时，太子太傅吾粲也坐不住了，眼看自己培养的太子地位不保，他几次与陆逊互通消息，要陆逊力保太子。

陆逊果然不负众望，几次上疏给孙权，陈述嫡庶之分，又请求进京面见。

本来孙权就不耐烦陆逊屡次陈述嫡庶之分这些事，更要命的是，他竟然从陆逊的奏疏中还发现了一些自己在宫廷中所说的私语。

孙权震怒了，我在宫内说的悄悄话，你陆逊在武昌怎么会知道？

一查下来，与这事有关的杨竺、陆胤、吾粲全被收监审问。

审讯的结果是可以预料的。作为鲁王孙霸阵营的人，杨竺非常不客气地列举了陆逊二十条罪证；作为陆逊的侄子，陆胤被捕入狱后，受尽酷刑，始终没有开口说出什么有价值的东西；作为太傅，吾粲参与其中，难辞其咎，直接被斩首。

堂堂太傅竟这样被处死了，一时间朝野震动，远在武昌的陆逊更是惴惴不安。

然而，这事还不算完，怒气未消的孙权派人到武昌责问陆逊。

顾承的事、吾粲的事和现在孙权的责问，像三座大山一样压在陆逊心头，他愤懑难解，竟然郁郁而终，享年六十三岁。

从擒杀关羽，到猇亭之战，到后期的镇守武昌，陆逊战功赫赫，对整个东吴几乎有再造之功。没想到竟然落到这个下场，令人为之唏嘘。

然而，即便陆逊被逼死了，孙权心中的愤怒依然没有消除。

陆逊死后，儿子陆抗扶着父亲的灵柩返回建业。孙权拿出以前杨竺告发陆逊的二十条罪状，一一与陆抗核实。

自古虎父无犬子，与其父陆逊一样，陆抗也是一位文武全才的名将，面对孙权的条条责问，陆抗逐条对答，为陆逊辩白。

孙权从陆抗的辩白中找不到任何破绽，他对陆逊的愤怒才逐渐消除。

陆逊死后，孙权慢慢开始反思起来，自周瑜、鲁肃、吕蒙死后，陆逊可以说是整个东吴的护国柱石，他在东吴的分量，在孙权心中的分量，都是别人无法取代的。就是这样一个无法取代的杰出将领，竟然稀里糊涂地死在了这场二宫之争之中，孙权感到有些心惊。

问题太严重了，孙霸竟然以一个鲁王的身份，结党营私，破坏东吴稳定团结的大好局面，这是孙权无法接受的，他决定要采取行动了。

该怎么行动呢?

一次，孙权对堂叔孙静的曾孙孙峻说，我的子孙不和睦，大臣也争权夺利，以后将会有如冤家内斗之败，让天下所耻笑！如果在孙和、孙霸中立一人，天下哪能不出现变乱呢?

从孙权的话中可以得知，孙权已经决定把孙和、孙霸同时抛弃，而在二人之外挑选一个接班人。

显然，孙权把这次二宫之争的责任推给了孙和、孙霸二人。实际上，孙和并没有多少责任，他无论德还是才，都没有什么问题，又是孙权在世的最大皇子，由他继位天经地义。

而孙霸也只是个普通皇子，他并不比孙和优秀。只是孙权把他提升为鲁王，又安排他和太子在一个宫殿居住。遇到群臣猜测不已，孙权也不予理睬，以至于让孙霸有了非分之想，让天下群臣有了选择阵营的念头。

所以，二宫之争的罪魁祸首应该是孙权，而不是孙和、孙霸。

但孙权不这么想，他认为是孙和、孙霸把问题搞成了这样，所以要对二人进行处罚。

处罚先从没有犯错的太子孙和开始，孙权宣布废掉孙和的太子之位，并将其幽禁。

这就不太公平了，太子无明显大错，竟然将其废除，这立即引来很多大臣的不满。

首先起来进谏的是驸马朱据。朱据说，太子是国家之本，雅性仁孝，天下归心。现在突然废掉，将有一朝之虑。

什么“虑”呢？朱据举了晋献公用骊姬而申生不存，汉武帝信任江充而使戾太子冤死的例子，提醒孙权注意孙和被废后可能出现的惨剧。

对于朱据的进谏，孙权不予理睬。

朱据并没有就此罢手，他联合尚书仆射屈晃，率领众多将吏，头上抹泥，将自己捆绑起来，接连几天到宫门外为孙和求情。

进入老年的孙权刚愎自用非常明显，大臣越是逼他，他越是容易逆反。孙权登上白爵观观望，看到朱据等人的行径，第一反应就是反感，斥责朱据等人聚众闹事。

孙权正在气愤之中，无难督陈正、五营督陈象也上奏，引述晋献公杀申生、立奚齐，以致晋国大乱的史实进行劝谏。

孙权终于被惹怒了，并起了杀心，他下令将陈正、陈象满门抄斩，将朱据、屈晃拖进大殿，杖打一百。

进谏的人遭到惩罚，孙和的处境不仅没有改变，反而变得更糟，他被贬为庶人，流放到丹杨故鄣之地。

和孙和一起争天下的孙霸更惨，直接被孙权赐死。孙霸的同党，当初构陷陆逊的杨竺，还有全琮的儿子全寄等，都因为结党营私被诛杀。

第六节　一代枭雄终被雨打风吹去

老年丧子是人生一大悲哀，而自己喜欢的儿子孙霸，竟然是自己下令赐死的，孙权的悲哀之大，是可想而知的。

孙和被流放，孙霸被赐死，加上之前死的孙登、孙虑，孙权的七个儿子还剩老五孙奋、老六孙休、老七孙亮。

该立哪个为太子呢？按照立长不立幼的传统，立孙奋也许是最合适的。但就在废黜孙和的这年十一月，孙权偏偏选择了年龄最小的孙亮为太子，更让人难以接受的是此时的孙亮只有八岁。

如果孙权身体好，八岁的太子，他可以慢慢培养，这也没什么，但此时的孙权已经六十八岁了，死亡会随时降临到他的头上。一旦他撒手人寰，年幼的皇帝无法控制局面，东吴很快就会大乱。

很多有识老臣都认识到了这个问题，但经过吕壹事件、二宫之争之后的江东，已经渐渐失去了直言进谏的风气，而老年的孙权也越来越听不进反对的声音，所以孙亮被立为太子就这样成了事实，这为孙权死后的江东大乱埋下了隐患。

第二年十一月，躺在病床上的孙权，又思念起那个被废黜了的太子孙和来，经过认真反思，孙权发现其实孙和还是个不错的儿子，他既仁又孝，竟然被自己无辜的废掉了。思虑再三，他想召回孙和，再次把他立为太子。

孙权眼看是不行了，一旦孙和再次被立为太子，很快就将接管东吴政权，到那时曾经得罪过孙和的人就要倒霉了，所以这些人非常紧张。最紧张的当数全公主孙大虎了，孙和的倒台，她“功不可没”，得知孙权要复立孙和，孙大虎吓坏了，她联合孙峻、孙弘等人，极力反对孙权的这一行为。

躺在病床上的孙权已经失去乾纲独断的权力与魄力，孙大虎的阻挠，让他感到疲惫和无奈。另外，他也担心再次启用孙和，会再次在东吴引发新的权力斗争。现在的孙权身体一天不如一天，早已经不起这种折腾了。

就这样，孙和被复立为太子的计划被搁置了。

不断恶化的身体令孙权知道自己在世的时间已经不多了，临死之前，他需要替太子孙亮谋划好一切，毕竟孙亮还不到十岁。

该怎么谋划呢？首先要给孙亮找到一个可以托付的大臣。群臣都推荐诸葛恪。诸葛恪是大将军诸葛瑾的长子，自小就以神童著称，年长后曾经辅佐过前太子孙登，能力被很多人看好。陆逊死后，他接过镇守武昌的重任，成为东吴新一代军事强人。

可孙权对诸葛恪不太满意，认为他的性格过于刚愎自用。但孙权的侄孙孙峻认为，放眼东吴的朝臣，没有一个能够比得上诸葛恪的，他愿意为诸葛恪担保。

就这样，诸葛恪被从武昌召回了建业，并被引进到孙权的卧室内。就在孙权的病床前，接受诏书：“吾病情沉重，恐怕没有再见的机会了，所有事情都托付给你。”

诸葛恪悲泣道：“我们都深受皇恩，会以死遵从诏书，希望陛下不要担心外面的事。”

于是，孙权命令诸葛恪兼任太子太傅，命有司将诸事皆统一于诸葛恪，即将除了杀生大权以外的所有事情都托付给他。

孙权在世的日子不多了，他又想到了他另外的三个儿子。

252 年正月，孙权封前太子孙和为南阳王，居住在长沙；封孙奋为齐王，居住在武昌；封孙休为琅邪王，居住在虎林。

可以看出不久将要离世的孙权，内心是不平静的，他最大的担心是太子孙亮年幼，自己辛苦创建的东吴，能否平稳地过渡给孙亮。同时，他还希望他的另外三个儿子都能够平安，能够在关键时候，帮衬孙亮一把。当然，孙权的布局后来并没有起到太大作用。

到了四月，孙权病危，又召集诸葛恪、孙弘、太常滕胤、将军吕据以及侍中孙峻，嘱托身后之事。

第二天，孙权去世，享年七十一岁。孙权在位二十四年，谥号大皇帝，庙号太祖，葬于蒋陵。

对于三国这位最长寿的统治者，当世及后世对其有很多评价，现在挑选其中几条有代表性的以飨读者：

孙权的大哥孙策：举江东之众，决机于两阵之间，与天下争衡，卿不如我；举贤任能，各尽其心，以保江东，我不如卿。

孙权一生最大的对手曹操：生子当如孙仲谋，刘景升儿子若豚犬耳！

魏国伟大的战略家刘晔：权有雄才，善用兵，见策知变。

《三国志》的作者陈寿：孙权屈身忍辱，任才尚计，有勾践之奇，英人之杰矣。

宋朝大词人辛弃疾：千古江山，英雄无觅，孙仲谋处。何处望神州，满眼风光北固楼，千古兴亡多少事？悠悠。不尽长江滚滚流。年少万兜鍪，坐断东南战未休，天下英雄谁敌手？曹刘。生子当如孙仲谋。

当代作家柏杨：孙权是中国历史上最可爱最有人情味的皇帝之一。

第七节　后孙权时代的悲剧（上）

孙权带着遗憾和不安离开了，他的不安是有缘由的，熟读历史的他知道，新主年幼历来都不是一件好事。

孙权的担忧很快得到应验。

孙权死后，年仅十岁的孙亮继位，东吴统治集团内部的，尤其是孙氏同族内部的相互残杀开始了，这段残杀的曲折性、残酷性、破坏性为整个中国历史所少有。因为这段残杀，主要是孙权晚年的一些错误举措造成的，所以在这里也一并简单交代一下。

孙权死后，少傅孙弘与诸葛恪不和，因为担心将来受制于诸葛恪，他计划隐瞒孙权的死讯，并试图矫诏除掉诸葛恪。

当初在孙权面前大力举荐诸葛恪的孙峻，告发了孙弘。根据孙权之前的命令，诸葛恪已经大权独揽，他请孙弘议事，于座中将其诛杀，于是诸葛恪的时代到来了。

诸葛恪确实是有些才能的，执政初期，他率军抗击魏国，取得东兴大捷，颇孚民望。并因功加封丞相、晋爵阳都侯。

然而，诸葛恪又有好大喜功的一面，他又不顾国内政局不稳，兵力财力不足的现状，发兵二十万，大举讨伐魏国，结果遭遇大败，从此失去人心。回朝之后，为掩饰过错，更加独断专权。

253 年十月，当初力挺诸葛恪的孙峻，看到诸葛恪失去民心，与吴主孙亮一起发动政变。他们请诸葛恪赴宴。此时的诸葛恪已经意识到了危险，于是带剑参加宴会。其间，诸葛恪借上厕所为由，离开了一会儿，回来之后，孙峻大喊："我有诏书来制裁诸葛恪！"

诸葛恪大惊，一时竟拔不出剑来。诸葛恪的心腹大将张约试图砍伤孙峻，反被砍去右臂。诸葛恪儿子闻讯，没有来得及逃跑，就被孙峻所杀。

诸葛恪三族被屠。

诸葛恪的死是一个标志性的事件。自此以后，东吴这艘巨舰完全脱离了孙权设计的轨道，开始一路跌跌撞撞开往未知的前方。

诸葛恪死后，"除贼"有功的孙峻成了丞相大将军，督中外诸军事，整个东吴的政治军事全都掌握在了他的手里。

听说诸葛恪被杀，孙权的第五子齐王孙奋来到建业上游的芜湖，想乘机采取行动。王国相谢慈劝谏孙奋，这样做容易激怒孙峻，引来灾祸。没想到孙奋的灾祸还没到，孙奋先把谢慈杀了。

孙峻正愁没有理由处理孙奋，正好以孙奋私自斩杀王相为由，将孙奋废为平民，流放到章安县。

孙权死前，为孙亮之外的另外三个儿子谋划封王，希望能够助益孙亮，没想到这么快就折掉了一个。

当然，另一个孙和也快了。

孙峻掌权以后，自感威望不够，企图讨好孙权的长公主孙大虎。讨好孙大虎很简单，她最讨厌的人是前太子孙和。

加之，孙和的妻子张妃是诸葛恪的外甥女，诸葛恪活着时曾经让人带话给张妃："替我转告张妃，到时我一定让她超过别人。"

这番话语颇有深意。

据说，诸葛恪还有离开建业到武昌的打算，并派人修整武昌的宫殿，民间有人传言诸葛恪想迎立孙和。

两个原因加在一起，孙和变得危险了。孙峻派人剥夺了孙和南阳王的印玺绶带，将他流放到新都，又派使者赐他自尽。

孙和与张妃告别，张妃说："无论吉凶我都跟着你，终不能一人活在世上。"她也自杀而亡，举国上下都为之悲伤。

就这样，孙权刚刚去世一年，他的第四子就死在了孙家同族的互相残杀之中。当然，这仅仅是个开始。

孙峻是个祸国殃民的小人，不管是才能，还是威望，都够不上辅政大臣的资格，孙权将其选为辅政大臣，也是一大失误。

孙峻掌权后，滥杀无辜，还奸淫宫人，甚至与长公主孙大虎私通。

前太子孙登的儿子孙英，看不下去孙峻的所作所为，计划谋杀孙峻，没想到计划败露，他只好自杀。（孙权孙子死）

不久，征虏将军孙皎之子孙仪等人计划谋杀孙峻，计划失败后，

几十人被杀。不仅如此，孙大虎还借此事陷害妹妹孙小虎，称她与孙仪同谋。孙小虎被杀。（孙权女儿死）

孙峻的残暴因为他的暴病身亡而终结，256 年，孙峻的堂弟、年仅二十六岁的孙綝掌权。和孙峻很像，孙綝也不是一个好的政治家，他嗜好杀戮，整个东吴怨声载道。

转眼到了 257 年，趁孙綝外出之际，孙亮开始亲政。此后，孙綝的奏章，孙亮经常查问，两个人关系不和。

次年，念及手足之情，孙亮封此前被贬为庶民的孙奋为章安侯。

不久，孙亮与孙大虎、全尚等人密谋除掉孙綝，结果计划泄露，全尚被杀，全公主孙大虎流放豫章，孙权挑选的接班人孙亮也没能幸免，被废为会稽王。

孙亮被废后，孙权的第六子孙休被选为皇帝，时年二十四岁。

第八节　后孙权时代的悲剧（下）

孙綝擅行废立，被孙休封为丞相、荆州牧，他带着牛酒晋见孙休，遭到孙休拒绝。孙綝就去了左将军张布家饮酒，酒酣耳热之际，表露出了对新皇帝孙休的不满，试图再次废掉孙休。

酒友张布毫不客气地把孙綝的话告诉了孙休。孙休非常生气，但碍于孙綝手中的权力，只好暂时忍耐，表面上很恭顺，想把孙綝稳住。

孙休和张布、丁奉密谋除掉孙綝。丁奉认为，孙綝兄弟党羽太多，不太容易得手，可以在腊八大祭时，在宫中用卫士将其诛杀。

腊八大祭时，百官朝贺，只有孙綝谎称有病不敢来。孙休派出使者不断催请，孙綝只好进宫。进宫之后，孙綝就遭到逮捕，孙綝的弟弟孙据、孙恩也遭到逮捕诛杀。

因为孙休与孙峻、孙綝是同族，但孙休不耻与二人同宗，特地从宗族中删掉了他们的名字，将他们称作"故峻、故綝"。

孙綝死了，但孙氏同族之间的诛杀还没有结束。

公元 260 年，会稽郡一带流传谣言，被废为会稽王的孙亮当还为天子，不仅如此，孙亮的宫人也告发孙亮有恶言。

经审判后，孙亮再被贬为侯官侯，将他送去侯官。在押解途中，有记载说是自杀，有记载说是被毒杀，反正是孙亮死在了路上，终年十八岁。(孙权幼子死)

孙休的皇位并没有坐几年，264 年，孙休病重，他召来濮阳兴、张布，将太子托付之后不久就病逝了。

吸取孙亮年幼掌权致使天下大乱的教训，大臣们认为孙休所立的太子年龄太小，建议立年龄比较大的孙和之子孙皓为帝。

濮阳兴、张布这两个被孙休所选的托孤大臣，关键时候大公无私了一把，他们果断地放弃了孙休所立的太子，而派人迎来二十三岁的孙皓。

在整个三国，乃至整个中国历史上，孙皓都是非常有名的暴君。继位一年后，他就诛杀了孙休的妻子朱太后，又把孙休的两个大儿子处死，四个小儿子流放到吴郡小城。

270 年，孙皓宠爱的夫人王氏突然死了，孙皓伤心过度，几个月不出来，一时间民间猜测不已，并传出谣言章安侯孙奋将出任天子。

孙奋的母亲仲姬的坟墓在豫章，豫章太守张俊猜测此事或许为真，本着拍马屁要趁早的原则，于是赶紧前往扫祭坟茔。

孙皓听说此事后，将张俊车裂，并夷灭三族，将孙奋和他的五个儿子全部诛死，取消他的封爵。（孙权子、孙死）

至此，孙权的七个儿子，或因为生病，或因为被杀，全部离开了人世。

之所以出现这一悲剧，主要是因为孙权晚年在继承人的选择上出现了重大失误，孙权如泉下有知，恐怕肠子都悔青了。

孙权的儿子全部死光了，但东吴人民的厄运还远远没有结束，因为他们的皇帝孙皓太残暴了，残暴到令人发指，残暴到变态的程度。

平日里，孙皓喜欢大宴群臣。但群臣并不以此为乐，因为孙皓有规定，每人必须饮酒七升，如果喝不完，就硬往嘴里倒。

有位叫韦曜的人，为人正直，孙皓对其还算尊敬。不过，韦曜的酒量不过二升，酒宴时暗中以茶代酒，孙皓一直对其隐忍，后来还是把他杀掉了。

韦曜还算是幸运的，常侍王藩喝完酒后，不胜酒力，趴下来想睡会儿，孙皓说他是假醉，直接在殿中将其杀死。

孙皓还喜欢在刑罚上做更残酷的尝试。一次，孙皓的宠妾派人到集市上抢劫百姓财物，司市中郎将陈声声称要制裁她。孙皓知道后，随便找了个罪名，把陈声抓了起来，用烧红的铁锯，将陈声的脑袋锯了下来。

在孙皓十六年的残暴统治时期，对于不满意的人，他经常还会剥人之皮，凿人之眼，搞得整个东吴上下离心，人心惶惶。

孙皓不仅残暴，而且短视，早在他继位以前的263年，他西边的邻居蜀国已经被魏国所灭。长江上游已经被魏国占领，东吴长江天险的优势已经失去，如果魏国顺流而下，东吴就危险了。

265年，司马炎取代魏国建立晋朝。司马炎称帝后，把羊祜派到襄阳，督荆州诸军事。羊祜是杰出的战略家、政治家，一到荆州之后，就加紧操练水军，随时准备攻克东吴。

这个时候，东吴幸好有陆逊的儿子陆抗与羊祜对峙，才保障了东吴暂时的安宁。

273年，东吴的最后一根柱石陆抗也病逝了，羊祜立即上疏司马炎，认为伐吴的时机到来了。

因为晋朝内部意见不合，直到279年，晋朝才决定对东吴发动灭国性进攻。此时，羊祜已经去世，司马炎发兵二十万，兵分六路，同时向东吴发动进攻。

即便是已经开战，晋朝仍然有部分大臣认为，孙氏已经治理东吴几十年，想要攻克需要很久的时间。

然而，像当年羊祜预测的一样，战事进行得非常顺利。看到晋朝军队杀来，讨厌孙皓的东吴军民纷纷投降，唐代诗人刘禹锡形容其为“一片降幡出石头”。

280年三月，孙皓降晋，孙坚、孙策、孙权辛苦建立的东吴政权，维持了九十多年后，终于在孙皓的残暴统治下结束了。

孙权的帝王之业，在他死后二十多年就烟消云散了，陈寿将其归因于孙权晚年在立嗣上的失误。这固然是一方面的原因，但最主要的原因是，就连孙权也没有想到，在他死后，孙和那个残暴成性的儿子孙皓，会因缘际会成为东吴皇帝，并一手葬送了孙权帝业。

真是时也，命也，运也！

孙权大事年表

182 年　出生于下邳。

184 年　黄巾军起义，天下大乱。

187 年　其父孙坚成为长沙太守，封乌程侯。

191 年　其父孙坚被黄祖部下杀害。

199 年　跟随孙策征讨刘熏、黄祖等人。

200 年　孙策逝世，孙权继承兄位，张昭、周瑜等重臣全心辅佐孙权。

202 年　孙权母亲吴氏逝世。

204 年　孙权之弟丹杨太守孙翊被手下杀害，孙权从兄孙瑜代任。

208 年　孙权再次征讨黄祖，黄祖败逃，被冯则追杀枭首。

208 年　联合刘备，大破曹操于赤壁。

209 年　将其妹孙夫人嫁与刘备。

219 年　派吕蒙白衣渡江，占领荆州，后擒杀关羽。

222 年　于猇亭大败刘备。

229 年　登基称帝，改元黄龙。

242 年　立孙和为太子，立孙霸为鲁王。

245 年　二宫之争中，逼死陆逊。

250 年　废太子孙和，赐死鲁王孙霸，立八岁的孙亮为太子。

252 年　殁于建业。